文化の進歩と道徳性

カント哲学の
「隠されたアンチノミー」

大森 一三

法政大学出版局

文化の進歩と道徳性——カント哲学の「隠されたアンチノミー」❖目次

凡例

一、カントの著作からの引用は、アカデミー版カント全集より、巻数をローマ数字で、頁数をアラビア数字で本文中に記す。ただし、『純粋理性批判（*Kritik der reinen Vernunft*）』に関しては、慣例により原著第一版と第二版をそれぞれAとBで表記し、頁数をアラビア数字で表す。『レフレクシオーン』については、アカデミー版編者エーリッヒ・アディッケスによる整理番号を脚註に記載する。

二、その他の著作・論文からの引用および参照は、そのつど注に挙げる。

三、カントの著作およびその他の外国語文献の引用は、日本語訳のあるものについては適宜参照したが、基本的に筆者自身による訳文である。

四、引用文中の傍点は、原文のゲシュペルトに対応する。

五、引用文中の〔　〕は、筆者による補足である。

六、巻末に参考文献一覧を付す。

序論

第1節　本書の目的

映画『２００１年宇宙の旅』（*2001: A Space Odyssey*, Stanley Kubrick）は、次のようなシーンで始まる。遥か昔、人類の祖先であった猿たちは、他の動物たちと同じような生活をしていた。しかし、ある時、外宇宙の知的生命体から送られた黒い石版（モノリス）の影響を受けた一匹の猿が決定的な進化を遂げる。その進化とは、道具の使用・開発であった。一匹の猿が動物の骨を鈍器として使用することを学習し、それにより他の動物や猿を圧倒し、食料や水を獲得することができるようになったのだ。そして、他の猿を打ちのめした猿が空高く放り投げた骨は、そのまま宇宙空間に漂う核兵器を搭載した軍事衛星に変わる。

有名なこのシーンは、人間の進歩とその矛盾を象徴している。人類はその歩みのなかで、無数の道具や技術を開発し、使用してきた。さらに、人間が創造してきたのは目に見える道具や技術だけではない。礼儀作法、風習、さまざまな制度や社会の枠組み、教育や政治、そして宗教――。人間は多くの「文化・文明」を創造し、「文化・

文明」を進歩させることで、その歴史を紡いできた。しかし同時に、人間は自らが造り出した「文化・文明」によって、多くの問題を抱え、破滅の危機にさらされている。はたして文化の進歩は、私たちを本当に進歩させたのだろうか？　一本の骨と核兵器を搭載した軍事衛星との連なりはこうした問いを表している。

そして今日、この問いが問うている事態はいっそう露骨に現れてきている。私たちを取り巻くさまざまな技術や制度、教育や政治や宗教は、人々の自由や豊かさ、多様性に寄与する一方で、修復不可能と思えるほどに人々の対立や分断、孤立を激化させる一因にもなっているからだ。この問題は、次のように言い換えることもできるように思われる。はたして文化の進歩は、私たちの道徳性とどのような関係にあるのか、と。

本書の目的は、この問いに対する答えの手がかりを見出すことにある。そのために本書は、カント（Immanuel Kant）の批判期の思索の内に、これまで解明されてこなかった「隠されたアンチノミー」が存在することを明らかにし、それによってカント哲学の両義的立場と現代的意義を解明してゆく。本書の考察が明らかにしてゆくように、「隠されたアンチノミー」とそれに対するカントの思考の中に、文化の進歩と道徳性に対する問いの答えの手がかりが潜んでいる。

哲学史上、カント哲学と「アンチノミー（Antinomie）」は切っても切れない関係にある。近代哲学の流れに決定的な影響を与えた『純粋理性批判』は、「人間理性の奇妙な運命」についての叙述で始まる。「奇妙な運命」とは、理性が伝統的形而上学におけるある種の問いを前にすると、自己矛盾に陥らざるをえないこと、すなわち「アンチノミー」に陥らざるをえないということであった。

カントの批判哲学において「アンチノミー」は、上級認識能力（悟性、判断力、理性）の区分に対応して、「三種類」存在すると言われる（V 344）。カントは主著である三批判書でこれら三つの上級認識能力のアンチノミーの提示と解決に取り組んでおり、カントの批判哲学とは、人間の全理性能力における運命――、つまりアンチノミーの提示と解決を根本課題とするものであったと言えるだろう。

本書で解明しようとする「隠されたアンチノミー」とは、三批判書の各弁証論で示されているアンチノミーとは異なる。「隠されたアンチノミー」とは、カント自身が明確にアンチノミーと名づけることもなく、また従来のカント研究史のなかでも見逃されてきた論点である。後述するように、カントは三批判書以外の文献で、特に実践的かつ経験的な事柄に関する考察の場面で、これまで十分注目されなかったアンチノミー状態の解決に非明示的に取り組んでいたのだ。(1)

また、「隠されたアンチノミー」の「隠された」とは、たんに研究史の中で「これまで指摘されてこなかった」ということを意味するのではない。本書が解明しようとする「隠されたアンチノミー」は、その起源に関しては、三批判書であげられているアンチノミーと関係があるものの、三批判書のアンチノミーとは異なる新たなアンチノミーである。そして、後述するように「隠されたアンチノミー」とは、「これまで指摘されてこなかった」のではなく、カント哲学の体系構成上、さらに従来の研究の解釈傾向によって「隠蔽されてきた」アンチノミーなのだ。

本書で考察する「隠されたアンチノミー」の原型的な理論は、『判断力批判』の方法論で展開された文化(Kultur)(2)と道徳との関係に関する議論によって形成されている。カントは『判断力批判』で、人類の技術的、社会的素質の進歩の過程および産物である文化を、人類の道徳的進歩のための準備として位置づける。しかし同時に、カントは文化が道徳性そのものを破壊しうる「輝かしき悲惨」(das glänzende Elend)として現れうることも強調する。つまり、カントの中には、人間が構築する文化・文明に対して二つの見方が存在するのである。本書ではこの二つの見方を、文化に対する「道徳目的論的規定」と「人間学的規定」という二つの異なる立場として理解する。そして、この二つの立場に起因する文化と道徳との対立状態を、「文化と道徳とのアンチノミー」と呼ぶ。

本書の考察を通して明らかにするように、文化に対するカントの二つの立場および「文化と道徳とのアンチノミー」は、そのつど文脈に応じた形で「隠されたアンチノミー」として現れる。言い換えれば、本書の目的は「隠されたアンチノミー」の解明を通じて、具体的な文化の諸相と道徳との対立および緊張状態という問題に取り組むカントの姿勢とその意義を明らかにすることでもある。

ところで、カントは「人類の運命」と題された『人間学のレフレクシオーン』の中で、人類が「〔自分で考えることをしない〕子どもとしての未成熟」「〔立法に関して〕市民的な未成熟」「宗教的な未成熟」という三つの未成熟状態に（in einer dreifachen Unmündigkeit）あることを述べ、そこからの改良のための手段として「教育、立法、宗教」（XV898）を挙げていた。[(3)] カントにとって、「教育」「立法」「宗教」という三つの位相は、人間の進歩を具体的に論ずるための場所であり、そのための方途であった。「隠されたアンチノミー」は、カントが人間の未成熟状態から脱出する方途として考えていた三つのプロセスを具体化しようとする際に、人間理性が陥らざるをえない不可避のアンチノミーとして現れる。そして、本書の考察を通じて明らかになるように、「教育」「立法」「宗教」における「隠されたアンチノミー」はきわめて現代的な課題でもある。先述したように、今日、「教育」「立法」「宗教」は、人々の自由と多様性を重んじる社会のあり方を実現させることに寄与する一方で、人々の分断と対立、格差の固定をより激化させる一因にもなっているからである。本書が試みる「隠されたアンチノミー」とその解明は、こうした今日的問題に対しても、哲学的な文化批判として一定の意義を持つだろう。

本書の目的は、これらの三つの位相における「隠されたアンチノミー」の存在を解明し、それに対するカントの解決の試みを批判的に探究することによって、批判哲学の歴史的・今日的意義を明らかにすることでもある。「隠されたアンチノミー」は、たんにカント自身の立場の矛盾や不足、カント哲学解釈上の問題を意味しているのではない。むしろ、人間の理性には、人類の文化と道徳の関係を異なる形で評価し、対立的な構造を生み続けるという根本的特徴——「理性の運命」が存在することを意味している。したがって、「隠されたアンチノミー」とその解決の可能性を考察してゆくことは、あらゆる側面での文化や技術の発達とそれらの道徳的あり方が問われている今日の社会においてきわめて重要な意義を持つはずである。

次にアンチノミー研究の現状と課題に立ち入ることによって、本書のカント研究史上の位置づけと意義を明確にする。

第2節　先行研究の現状と課題

「隠されたアンチノミー」の研究は、これまでカントの批判哲学の研究史では十分に顧みられることがなかった隠された課題である。そこでまず、カントの批判哲学におけるアンチノミー概念に関する研究史を追いながら、「隠されたアンチノミー」の研究史上の位置づけと意義を明らかにしてゆく。

概念史的研究に即するならば、一八世紀の学問的概念の用法では、アンチノミー概念は法学上の用語としての意味を持っていた。(4) R・ゴクレニウスは「アンチノミア（Antinomia/Αντινομια）」について、「任意の見解や命題の矛盾および対立（pro pugnantia seu contrarietate quarumlibet sententiarum seu propositionum）」という広義の意味と、「法が互いに矛盾すること（pro pugnantia Legum inter se.）」という狭義の意味とにこの概念を区分し、一一以上の用例を示している。(5)カントは法学および聖書解釈学に由来するこの言葉を摂取し、独自の哲学的立場から、アンチノミー概念に新たな意味を与えていった。(6)

アンチノミーは『純粋理性批判』では、「純粋理性の諸法則の抗争（Widerstreit der Gesetze der reinen Vernunft）」（A407/B434）と定義づけられる。また『実践理性批判』では、最高善を構成する二つの「格率（Maximen）」の抗争としてアンチノミーが提示される。そして『判断力批判』における「趣味のアンチノミー」は、趣味判断の対立ではなく、「趣味判断の根底に置かれた諸原理（Prinzipien）の抗争」（V 339）であり、「目的論的判断力のアンチノミー」は、「反省的判断力の二つの格率の間に生じる抗争」（V 386）として提示される。総じて見るならば、カントによるアンチノミーの定義は、たんなる判断や意見の対立ではなく、「法則（Gesetz）」の抗争という意味であった。(7)

だが、三批判書が刊行されるなかで、カントはアンチノミー概念の用法を次第に拡大して使用してゆき、その用法は首尾一貫したものではなくなってゆく。多くの研究者が指摘するように、三批判書の各弁証論のアンチノミーでは、それぞれのアンチノミーの定式と解決の特徴に変化が見られ、さらに上級認識能力に固有のものとされていたアンチノミーが、さまざまな実践的行為に関わる広い文脈で用いられるようになる。(8)そしてついには、アンチノミーという概念自体が三批判書以外にも使用されるようになってゆく。こうした事態のなかでアンチノミー概念が不可視となり、アンチノミー概念の意味内容が錯綜していったのである。

筆者が見る限り、「隠されたアンチノミー」がこれまで明示的な問題として扱われなかった原因は三つある。その一つは、カント自身のアンチノミー概念の把握の変化にある。カントによるアンチノミーの性格づけが決定的に変化する契機は、『判断力批判』という著作の独特な課題に起因する。
『判断力批判』の序論で、カントは悟性の立法領域である理論哲学と、実践理性の立法領域である実践哲学という二つの領域を区分している。そして、『判断力批判』の課題は、二つの領域の間の「見渡し難い裂け目（eine unübersehbare Kluft）」（ibid.）を架橋することであり、悟性による自然概念の領域から実践理性による自由概念の領域への移行という点にある。『判断力批判』の中で、カントは『純粋理性批判』の弁証論におけるアンチノミーの解決を振り返り、「二つの立法とこの立法に属する能力が同一の主観のうちで両立することを、少なくとも矛盾なく考えることが可能であると証明した」（V 175 強調は筆者によるもの）と述べている。つまり、『純粋理性批判』では、二つの領域の思考上の両立可能性がアンチノミーの解決を通して果たされた課題であったのに対して、『判断力批判』の課題は二つの領域の架橋にある。このようにアンチノミーの解決を通じて果たされる課題が、思考上の両立可能性ではなく、理論と実践の実践的架橋という課題へと変化する中で、カントは多くの経験的、実践的な文脈でのアンチノミー状態に直面することになった。

　第二の原因は、カント解釈上の相違に由来する。要するに『判断力批判』の課題である「見渡し難い裂け目を架橋すること」が、何を意味するかということについて、研究者の間で解釈が分かれてきたことにある。事態を複雑化させてきた先行研究の解釈は、およそ次の四つの立場に区分することができる。

　第一の立場は、悟性と理性の立法領域の両立可能性という観点からこの課題を解釈し、それが自然の世界に自由を実現する可能性にあると主張するH・クレンメの解釈[9]に代表される。この解釈は、自然因果性と自由意志の両立という『純粋理性批判』の第三アンチノミーの課題の再展開と見なすことができる。第二の立場は、カントの歴史哲学の基礎づけとして『判断力批判』を理解するK・デューシングやA・ウッドの解釈[10]に代表される。

この解釈の立場では、実践理性の対象である最高善がどのように歴史哲学的に現実化されうるかという問題に取り組んでいるとカントを解釈する。これら二つの解釈の立場は、先行する二つの批判書で扱われた問題が『判断力批判』で新しい定式を獲得し、再登場していると見なす点で共通している。

それに対して、第三の立場は、カントが取り組んでいるのは『判断力批判』で初めて登場した問題であると主張する。この立場は、「見渡し難い裂け目を架橋すること」という課題が「技術的‐実践的（technisch-praktisch）」と「道徳的‐実践的（moralisch-praktisch）」の区別の問題に関わっていると解釈する。つまり、『判断力批判』で取り組まれた課題は、「技術的‐実践的（technisch-praktisch）」の次元に属する人間の諸能力の文化と「道徳的‐実践的（moralisch-praktisch）」の次元に属する道徳を架橋する問題であると理解している。

例えば、第三の立場に立つM・ロルフは、『判断力批判』の狙いを、人間の美感的な素質の展開から道徳性へと至る過程を示したものであると解釈しようとした。[11] またP・ガイヤーは、[12]『判断力批判』で展開された美感的判断力の特徴の一つである「無関心」（ohne Interesse）という概念に注目し、自己の利害関心を離れるという点で、趣味の陶冶に道徳的自由の「可触化（palpable）」という特徴を指摘している。[13]

第四の立場は、とりわけ二〇〇〇年代以降に目立ってきたものであり、第三の立場に接近しつつ、より包括的に「技術的‐実践的」なものとしての文化と「道徳的‐実践的」との関係を捉えようとするR・B・ルーデンの研究に代表される。[14] ルーデンは、「技術的‐実践的」次元での文化は、自然現象の研究からなる限りでは理論哲学に属するが、人間の自由の準備として捉えられる場合には実践的なものであると解釈する。またルーデンは、この二つの次元をつなぐ「インピュア・エシックス（Impure Ethics）」を、『判断力批判』および『人間学』や『教育学』『宗教論』から取り出すことを試みている。

本書の考察にとって、こうしたルーデンの解釈は重要である。というのも、上述の第一の立場および第三の立場では、主に『判断力批判』前半にあたる美感的判断力の批判に注目が限定され、第二の立場では、歴史哲学的な観点から『判断力批判』後半にあたる目的論的判断力の批判に注目されてきた。だが、第四の立場の解釈は、『判断力批判』全体に包括的な「技術的‐実践的」なものとしての文化のあり方を問う視点があることを示すからだ。したがって筆者もまた、この第四の立場とともに『判断力批判』の中に「文化と道徳とのアンチノミー」の基本モデルが存在することを指摘する。とはいえ、後述するように、ルーデンの解釈もまた「隠されたアンチノミー」とその解決の解明のためには十分ではない。

「隠されたアンチノミー」が明示的に取り扱われてこなかったことの第三の原因は、『判断力批判』で展開されている文化の両義的性格をカント自身だけでなく、研究者も捉えられなかった点にある。カントにとって、「技術的‐実践的」なものとしての文化は、たんに「道徳的‐実践的」次元のための準備となるだけではない。H・シュネーデルバッハも指摘するように、カントにとって文化とは、アンビヴァレントな性格を持つものであり[15]、道徳と対立する性格を持ちうる。ルーデンの解釈はこの点を見逃しているため、彼は「インピュア・エシックス」を「弱い自然主義（weak naturalism）」[16]と捉えてしまい、「技術的‐実践的」なものとしての文化の多面的な性質を捉え損ねている。

カントは、文化を決して自然主義的に捉えてはいない。むしろ、それは「輝かしき悲惨」として、道徳そのものを掘り崩しうると見なしている。上述のルーデンに代表される立場の解釈は、この点を見落としている。これに対して、本書は文化の両義的な性格を描き出し、『判断力批判』をはじめとして、カントがさまざまな著作等で取り組んだ文化と道徳との「隠されたアンチノミー」と解決を明示的に取り出すことを試みる。

第3節　本書の考察方法

本書では次のように三つの考察方法を採用する。第一に、本書はカント哲学の内在的な研究を行う。たしかに本書が中心的に扱う主題は「隠されたアンチノミー」であり、カント自身が明示的にはアンチノミーとして問題化しなかった問題系である。だが、本書は上述の「インピュア・エシックス」や、批判哲学から応用倫理学的な問題群への適用を直接に試みるものとは異なる。そうではなく、『判断力批判』および関連テキストの内在的解釈として「隠されたアンチノミー」とその解決を考察する。なぜなら、「隠されたアンチノミー」が「隠された」理由は、カント哲学体系そのものと従来の解釈傾向にあるからだ。この理由を解明し、「隠されたアンチノミー」を明らかにすることこそが、本書の目的でもある。

第二に、考察の範囲を『判断力批判』以降に公刊された著作、講義録および『レフレクシオーン』に限定する。筆者は、カントが『判断力批判』で「文化と道徳とのアンチノミー」という問題の所在に気づいて以降、「教育」「立法」「宗教」での文化構築のプロセスについて論じるときに、意識的にアンチノミーという定式で問題を展開していったと解釈する。なお、R・ズッカートは「実践理性に関するカントの隠れたアンチノミー（Kant's Hidden Antinomy of Practical Reason）」と題した論文を著し、「魂の不死」と「神の現存在」に関するカントの二つの立場の対立を「隠れたアンチノミー（Hidden Antinomy）」としてあげている。(17) だが、ズッカートの「隠れたアンチノミー」と、本書が問題とする「隠されたアンチノミー」は明確に異なる。ズッカートの「隠れたアンチノミー」は、彼女自身が指摘するように、本質的にはカントがすでに三批判書の中で提示していたアンチノミーと同じ内容のものであり、そのアンチノミーの解決も『純粋理性批判』におけるアンチノミーと同様に超越論的観念論の立場に基づくことで行われる。つまり、ズッカートの「隠れたアンチノミー」とは、『純粋理性批判』で展開されたアンチノミーの変種であり、その存在が「これまで指摘されてこなかった」ということを意味するにすぎない。

これに対し、本書が取り扱う「隠されたアンチノミー」とは、三批判書の弁証論でカント自身によって提示されているアンチノミーと関係はあるものの、その原型はあくまで「文化と道徳とのアンチノミー」であり、三批判書弁証論におけるアンチノミーとは別のものである。

第三に、本書では、各章で明らかにされる「隠されたアンチノミー」を「文化と道徳とのアンチノミー」の変形として捉え、そのつど、アンチノミーの形に定式化してゆく。「教育」「立法」「宗教」という三つの領域におけるアンチノミーは、三批判書の弁証論のように、カント自身によって「定立・反定立」という仕方で定式化されているわけではない。しかし、本書で試みているように、各アンチノミーは、文化に対する「道徳目的論的規定」と「人間学的規定」という二つの異なる立場の対立として定式化することができる。

こうした本書の考察方法は、近年、注目されている技術哲学にとっても重要な意味を持つはずである。今日の技術哲学において、技術に対する倫理的考察を行う近代哲学の古典的アプローチの一般的特徴とは、技術の持つ疎外化的勢力から人間を守るために、技術そのものを外部から批判しようとすることであり、その結果、こうした古典的アプローチでは、技術の個別的な社会的役割や文化的役割についてほとんど扱えていなかったと見なされる。それに対し、現代の技術哲学はむしろ、技術と道徳とのハイブリッド化したより複雑な関係を考察の対象とする。[18] しかし、一つ一つの「隠されたアンチノミー」とその解決の可能性を解明してゆく本書の考察方法によって、カントの思索の中に技術や文化が人間の道徳に対して持つ複雑な個別的役割と、それらと道徳との関係の新たな理解を読み取ることもまた可能になるだろう。

第4節　本書の構成

本書は以下の五つの章から構成される。第1章では、第2章以降のための準備作業として、カントのアンチノミー論の研究史を吟味・検討し、先行研究と本書との差異や本書の立場を明確にしてゆく。また第1章では、カントのアンチノミー概念が登場する場面が、純粋に理論的な問題からより具体的で実践的な問題へと変化し、その定式と内容についても変化が生じていることを明らかにしてゆく。

第2章では、『判断力批判』の方法論に潜む「文化と道徳とのアンチノミー」の性質と課題を明らかにしてゆく。ここで扱われる文化とは、特定の素質や技術を意味するのではなく、「技術的‐実践的」なもの一般と解釈することができる。(19) その限りで、「文化と道徳とのアンチノミー」が、第3章以降に展開される「隠されたアンチノミー」の基本モデルであることが明らかになるだろう。

第3章では、「教育」における「隠されたアンチノミー」の内実を考察する。これは、カントの教育思想における「自由と強制とのアンチノミー」として定式することができる。このアンチノミーは、「道徳教育のために強制が必要であると見なす立場」と「道徳教育のためには強制は不要であると見なす立場」との矛盾・対立である。第3章ではこうした「自由と強制とのアンチノミー」を考察し、このアンチノミーの原因が、文化に対するカントの相対立する二つの立場にあることを明らかにし、このアンチノミーの解決の可能性を、カントの教育思想の中に探求してゆく。

第4章では、「法」における「隠されたアンチノミー」を考察する。これは、「自立と平等とのアンチノミー」として定式化することができる。このアンチノミーは、「法制度の発展によって平等が促進されると見なす立場」と「法制度の発展によって平等が侵害されると見なす立場」との矛盾・対立である。そして、この「自立と平等とのアンチノミー」の原因もまた、文化に対するカントの相対立する二つの立場にあることを明らかにし、このアンチノミーの解決の可能性が、カントの歴史哲学における「言論の自由」の働きにあることを解明してゆく。

第5章では、「宗教」における「隠されたアンチノミー」を考察する。これは、「宗教共同体と倫理的共同体とのアンチノミー」として定式化することができる。このアンチノミーは、「宗教共同体が人間の道徳的進歩のために必要であると見なす立場」と「宗教共同体は人間の道徳的進歩のためには不要であり、むしろ道徳性を破壊しうると見なす立場」との矛盾・対立である。このアンチノミーの原因もやはり、文化に対するカントの相対立する二つの立場にあることを明らかにし、「宗教共同体と倫理的共同体とのアンチノミー」の解決の可能性を探究してゆく。その際、「宗教」における「隠されたアンチノミー」の解決の可能性は、「教育」や「法」における「隠されたアンチノミー」とは異なる特徴を持っていることも明らかになるだろう。

以上の考察を通して、本書は結論として、次のことを導き出す。第一に、カントが『判断力批判』の方法で、「文化と道徳とのアンチノミー」を論じていることを明示し、同時に、このアンチノミーが「教育」「立法」「宗教」の三つの場面で「隠されたアンチノミー」として展開されていることを明らかにする。第二に、各章で扱われた「教育」「立法」「宗教」における「隠されたアンチノミー」の解決の試みから、カントが「教育」については「理性の開化」および「実験としての教育」を、「立法」については「言論の自由」を、「宗教」については

「倫理的共同体へと接近し続けるための闘い」を、「隠されたアンチノミー」の解決として重要視していたことを明らかにする。こうした解決の試みは、今日の教育哲学、政治哲学、宗教哲学が直面する課題に対しても有益な示唆を提示するはずである。

第三に、こうした「隠されたアンチノミー」が持つ現代的意義を明らかにする。「隠されたアンチノミー」は、カントの批判哲学内部でのみ生じ、完結する課題なのではない。むしろ、人間が理性をもつ限り、「隠されたアンチノミー」に直面することは、人間理性の不可避の運命なのである。理性は、その時代の文化の諸相と出会うことによって、そのつど「文化と道徳とのアンチノミー」に直面し続ける。そして、そのなかで理性は文化と道徳との関係を再三、反省的に捉え直し、理性それ自体についての理解も捉え直し続けることになる。したがって、こうした「隠されたアンチノミー」を暴露し、解決に向けて批判的に探究することは、文化の進歩に伴われる永続的な課題であり、人間の使命である。

私たち自身の生きる時代や社会の変化のなかでも、そのつどの「隠されたアンチノミー」を見出し、不断の解決を試みることが要請されている。それゆえ、本書で明らかにされる「隠されたアンチノミー」と、その解決の試みは、今日の時代状況のなかでも、哲学的な文化批判の営みとしての意義を有し続けるはずである。

注

（1）こうした「隠されたアンチノミー」は、例えば『教育学』における「教育学的アンチノミー」や、『理論と実践』における自立のアポリアのように、それぞれの著作での問題提起としては、しばしば指摘されていた。だが、本書ではこれらのアンチノミーを「文化と道徳とのアンチノミー」として体系的に捉え、カント哲学内に正確に位置づけることを試みている。三批判書の弁証論以外の各著作や文献に関してアンチノミー状態を指摘している先行研究については、第1章を参照。

（2） カントのKultur概念は多義的な概念であり、訳語を一つに統一するのは困難である。例えば、『判断力批判』では、Kulturとは「任意の諸目的一般に対する理性的存在者の有能性の産出」（V 431）と定義されており、この場合は、人間の有能性や熟練の開発を意味するのであるから「開化」と訳せる。しかし他方で、「アレクサンドリア文化（die alexandrinische Kultur）」（VI 136 Anm.）のように客体化された形での「文化」と訳せる場合もあり、かつ「我々は訓練と文化〔開化〕と文明化の時点に生きているが、まだ道徳化の時点には生きていない（Wir leben im Zeitpunkte der Disziplinierung, Kultur und Zivilisierung, aber noch lange nicht im Zeitpunkte der Moralisierung.）」（XI 451）のように、文化、開化の両方の意味を持つ場合もある。また、本文で後に触れるように、カント自身、Kulturを「文明化」や道徳的諸素質の開発という文脈でも用いることがあり、こうしたKultur概念の多義性が「隠されたアンチノミー」を生み出す一因となっている。したがって、本書ではKulturを基本的には「文化」と訳すが、文脈に応じてふさわしい訳語を用いる。

（3） *Reflexion*. 1524.

（4） F. V. Kutschera, Antinomie, in: *Historisches Wörterbuch der Philosophie* Bd. 1. Hrsg. J. Ritter, von Rudolf Eisler, Schwabe & Co. Basel-Darmstadt 1971. S. 394-405.

（5） Rudolphus Goclenius. *Lexicon philosophicum quo tanquam clave philosophiae fores aperiuntur* (1613), Georg Olms, Hildesheim / New York, 1980. S. 110.

（6） L・W・ベックによれば、「二律背反」という言葉は、伝統的には法学、ないしは聖句間の衝突に関わる聖書解釈学に由来するものである。カントは独自にこの言葉を摂取し、哲学の術語として用いた。Lewis White Beck, Antinomy of Pure Reason, in: *Dictionary of the History of Ideas*, vol. 1. Ed. by Philip P. Wiener, Charles Scribner's Sons, 1968. p. 91-93.（L・W・ベック「二律背反（純粋理性の）」『西洋思想大辞典』第3巻、平凡社、一九九〇年、四八六〜四八九頁）。

(7) ヘーゲルは、「〔カントは〕アンチノミーについてのさらなる考察を欠いたため、カントは四つのアンチノミーしか論じなかった」と批判し、むしろ「アンチノミーは、宇宙論で扱われる四つの特別な対象だけでなく、むしろあらゆる種類のあらゆる対象、あらゆる表象、概念、理念の中に見出される」と、カントが明言した以外のアンチノミーの存在の可能性についても論じている。本書は、カント哲学の中に「隠されたアンチノミー」の存在を認めようとするものであり、あくまでカント哲学の内在的研究であるため、ヘーゲルの立論については立ち入ることはできない。Georg Wilhelm Friedrich Hegel, *Enzyklopädie der Philosophischen Wissenschaften im Grundrisse*. in: *Georg Wilhelm Friedrich Hegel, Gesammelte Werke*, Bd. 19. Hrsg. von der Rheinisch- Westfälische Akademie der Wissenschaften, Hamburg, Meiner, 1989, §48. S. 63–64.

(8) この点については、第1章で詳述する。

(9) Heiner Klemme, "Einleitung", in: *Kritik der Urteilskraft*. Meiner. 2001, S. XXXV.

(10) Klaus Düsing, Das Problem des Höchsten Gutes in Kants Praktischer Philosophie, in: *Kant-Studien* 62, Walter de Gruyter, 1971, S. 5–42. Allen Wood, Kant's Philosophy of History. in: *Toward Perpetual Peace and Other Writings on Politics, Peace, and History*. Yale University Press. 2006, pp. 243–262.

(11) Michael Rohlf, The Transition from Nature to Freedom in Kant's Third Critique, in: *Kant-Studien* 99, Walter de Gruyter, 2008, S. 339–360.

(12) Paul Guyer, *Kant and the Experience of Freedom: Essays on Aesthetics and Ethics*, Cambridge University Press, 1993, pp. 94–130.

(13) "palpable" はガイヤー自身が fühlbar と置き換えているので、「感じうる」とも訳せる。P. Guyer, ibid., p. 37. また、N・シェーマンも、道徳的主体の具体化の過程を描くためには、この概念が重要であると高く評価している。Nancy Sherman, Reasons and Feelings in Kantian Morality, in: *Philosophy and Phenomenological Research*, vol. 55, No. 2. 1995, pp. 369–377.

(14) Robert Louden, *Kant's Impure Ethics: From Rational Beings to Human Beings*. Oxford University Press, 2000.

(15) Herbert Schnädelbach, Kultur und Kulturkritik, in: *Zur Rehabilitierung des animal rationale. Vorträge und Abhandlungen 2*, Suhrkamp, 1992, S. 158–184.

(16) ルーデンの説明によれば、「弱い自然主義」とは、「人間本性についての経験的な事実は、それ自体では規範的な道徳的原理を正当化するものではないものの、道徳的原理とも矛盾しないとみなす考え」のことである。しかし筆者が見るところ、カントは、ルーデンの言うImpureなものを考察する際には二つの異なる立場を取っている。そのうちの一つは、人間の経験的な事実と道徳法則を厳しく対照させるものであり、決して自然主義的なものではない。カントの二つの立場については、第2章で後述する。R. Louden, ibid., p. 8.

(17) Rachel Zuckert, "Kant's Hidden Antinomy of Practical Reason", URL: (https://cpb-us-west-2-juc1ugur-1qwqqo4.stackpathdns.com/voices.uchicago.edu/dist/f/106/files/2013/02/zuckert-hidden-antinomy-of-practical-reason-2-13.doc)

(18) Peter-Paul Verbeek, *Moralizing Technology: Understanding and Designing the Morality of Things*, The University of Chicago Press, 2011.(『技術の道徳化』鈴木俊洋訳、法政大学出版局、二〇一五年)。

(19) G・レーマンは、『判断力批判』の背景には「技術理性批判という理念が現れている」と指摘し、『判断力批判』を技術批判として解釈しようとしている。Gerhard Lehmann, *Beiträge zur Geschichte und Interpretation der Philosophie Kants*, Walter de Gruyter, 1969.

第1章　批判哲学におけるアンチノミー概念の再検討

第1節　アンチノミー概念の多義性

本書は、「隠されたアンチノミー」の基本モデルである「文化と道徳とのアンチノミー」とその具体的な「隠されたアンチノミー」の諸相とを解明する。まず、本章では、次章以降に論じる「隠されたアンチノミー」の解明に向けた準備作業として、カントのアンチノミー論についての先行研究を考察する。また、本章ではカントのアンチノミー概念の変化を明らかにする。そして、「隠されたアンチノミー」が、カント哲学のうちでどのような意義を持っているかを明らかにしてゆく。

本章は次の順序で論述を進める。はじめに批判哲学におけるカント自身の「アンチノミー」の用法の変遷を探り、この概念の意味の多義性を示す。第二に、『純粋理性批判』、『実践理性批判』のアンチノミー論の先行研究の状況を考察し、アンチノミーの定式と特徴の変化を明らかにする。第三に、『判断力批判』でアンチノミーの性質が決定的に変化していることを明らかにする。このことによって、三批判書を経て、カントのアンチノミー概念の性質がどのように変化しているのかが解明されるだろう。最後に、三批判書以外の文献に関するアンチノミー状態に関連する先行研究を考察し、それらの成果と限界を指摘する。

本章での結論を先取りするならば、カントはアンチノミー概念の性質を徐々に変化させており、三批判書の各弁証論以外にも、多数のアンチノミー状態が存在している。そして、それらのアンチノミー状態は、『判断力批判』の方法論で論述された「文化と道徳とのアンチノミー」として解釈することができるだろう。

さて、序論でも触れたように、一八世紀の用語法として「アンチノミー」は、法学や聖書解釈学の用語として「互いに対立し、相矛盾している二つの法」を意味しており、固有の哲学的意味をもつ言葉ではなかった。カントは、当時隆盛をきわめていたライプニッツ・ヴォルフ学派と自身の思想との差異化をはかるために、彼らが使用しなかった一八世紀のアリストテレス研究の用語である「カテゴリー（Kategorie）」「超越論的（transzendental）」「分析論（Analytik）・弁証論（Dialektik）」といった用語とともに「アンチノミー」概念を取り入れ、その意味を根本的に変更して批判哲学の術語として採用していった。[1]

『純粋理性批判』では、アンチノミーは「純粋理性の諸法則の抗争（Widerstreit der Gesetze der reinen Vernunft）」（A407 / B434）と定義されていた。だが、すでに『純粋理性批判』の中でさえ、アンチノミーという概念は首尾一貫した仕方で使われてはいない。

N・ヒンスケは、『純粋理性批判』で扱われている単数形のアンチノミーと複数形のアンチノミーの違いに着目し、カントのアンチノミーが、①：純粋理性の諸法則の抗争（狭義のアンチノミー）、②：①の帰結としての個々の主張の抗争（広義のアンチノミー）、③：「弁証論的推論における理性の状態（Zustand）」（A340 / B398）という三つに分類できると指摘した(2)。ヒンスケは、特にこの第三の意味に注目し、前批判期に使われていた「形而上学のラビリンス（Labyrinth）」という概念が、「理性の状態」としてのアンチノミーへと変化することを示し、アンチノミー概念には「人間学的な重要性（die anthropologische Relevanz）」が含まれていると解釈した。つまり、カントのアンチノミー論には、純粋理性の諸法則の抗争という論点だけでなく、人間のあらゆる能力や可能性が二律背反的に規定されている、という人間学的な意義が含まれていると解釈したのである(3)。

この解釈はきわめて妥当である。なぜなら、カントは三批判書執筆以後、アンチノミー概念を認識能力に限らず、広い意味で用いるようになったからだ(4)。

カントは、たしかに『純粋理性批判』では、アンチノミーを上級認識能力に妥当するものとして提示していた。だが、カント自身の用法は、次第にその意味を拡大させていった。筆者の考察によれば、こうした変化は『判断力批判』でいっそう明確になる。なぜなら、後述するように『判断力批判』では、自然と自由という二つの領域の移行が主要課題であるため、認識能力に限らず、広い意味での実践的な領域でアンチノミーが登場することになるからである。この点を解明するために、次節では、三批判書のアンチノミーについての先行研究を考察しながら、三批判書においてアンチノミー概念にどのような変化が生じているのかを考察してゆく。

第2節　『純粋理性批判』および『実践理性批判』弁証論のアンチノミー

まず、三批判書のアンチノミー研究の中で最も蓄積があるのが、『純粋理性批判』の弁証論で論じられた四対の命題からなるアンチノミー論である。

かつてヘーゲルは、『純粋理性批判』で展開されたアンチノミー論に非常に高い評価を与えながら、他方でアンチノミーの提示と解決の仕方に対しては「いっそう厳密に批判されるべきである」と批判し、対立軸として自身の弁証法の論理を明確に打ち出した。[5] ヘーゲルのこうした態度に代表されるように、『純粋理性批判』のアンチノミー論は、カントの批判哲学の核心部分であり、最も議論が集中してきた箇所の一つである。

『純粋理性批判』のアンチノミー研究は、時間・空間論との関係についての研究から展開された。B・エルトマンによる、カントの教授資格論文における時間・空間論とアンチノミー論の生成とのつながりが不可分であるという解釈は、同時代の多くの新カント派研究者の解釈に決定的な影響を与えた。[6] 二〇世紀に入り、アンチノミー概念の重要性を特に高く評価した一人は、H・ハイムゼートである。ハイムゼートは、カントがアンチノミーを自身の最も独創的な「発見」であると見なしていた点を強調し、弁証論の丹念な読解に基づいて、その重要性を詳細に検討した。その結果、従来、『純粋理性批判』の分析論に該当すると思われてきた「コペルニクス的転回」の思想の成果は、弁証論にこそ横たわっているのであり、『純粋理性批判』で展開されている四組のアンチノミーとその解決には『実践理性批判』や『判断力批判』『宗教論』につながる倫理的諸問題に関する萌芽が存在しているとハイムゼートは指摘した。[7] さらに「超越論的弁証論」におけるアンチノミーの中でも、自由と因果的な自然必然性に関する第三アンチノミーの研究の重要性については、これまでもさまざまな論争が起きてきた。例えば、L・W・ベックは第三アンチノミーによって示されるカントの自由論に、「両面神（Janus）」のような「観察者」と「行為者」という二つの視点を導入し、カントの二元論を二観点説として解釈しようと試みる。[8] それに対して、H・アリソンは「超越論的自由」の非決定的で非両立論的な性格を強調する。[9] 他にも両立論者としてR・P・ホルストマン[10]や、J・ボヤノウスキーの浩瀚な研究[11]があり、『純粋理性批判』におけるアンチノミー研究の多くは第三アンチノミーの研究に注がれている。

次に、第二次大戦以降、特に英米圏の研究を中心に『実践理性批判』のアンチノミーに関する研究が盛んになり、それに遅れて『判断力批判』のアンチノミーに関する研究が本格化してきた。『実践理性批判』の第二部「純粋実践理性の弁証論」では、「徳」と「幸福」に関する最高善のアンチノミーが展開される。ここではストア派とエピクロス派が両定立の代表として挙げられ、「幸福への欲求は徳の格率に対する動機であるべきだ」という主張と「徳の格率は幸福の原因であるべきだ」という主張の対立としてアンチノミーが提示される。カントは、『純粋理性批判』で展開された自由と自然因果性に関する第三アンチノミーに立ち戻り、二つの因果性を区別することで、このアンチノミーを解決している。

『実践理性批判』のアンチノミー研究は、「最高善」を批判哲学内でどのように位置づけるかということについて論争が続いてきた。一般的には、カント倫理学の研究史における「最高善」の思想的位置づけは低い評価が与えられてきた。例えば、ベックは理性の立法を一つの理念の許で統一する「理性の建築術的目的」のための体系上の必要物として最高善を位置づけ、最高善を道徳的義務からは厳しく峻別する。[12] 無論、このようなベックの解釈に対する異論は少なくない。

例えば、J・シルバーはベックの最高善理解に対して真っ向から異を唱え、最高善を道徳法則の必然的で実質的な客観として位置づけ、最高善をカント倫理学の中心的な概念であると主張している。[13] 最近では、M・キャスウェルが心術の革命と関連づけて、最高善を実践理性の必然的な関心の対象として解釈しているが、[14] これも上述のシルバーの解釈の系譜の上にあると言えよう。また、J・シュヴァルトレンダーは、最高善は道徳的命令であると同時に、信仰と接続することにより、希望の対象としてカントの倫理思想の本質的部分に属するものであることを指摘している。[15]

本書にとって注目すべきことは、こうした議論の中で、ベックが『純粋理性批判』と『実践理性批判』のアンチノミーを比較し、アンチノミーの内容と形式に大きな変化が起きていることを指摘した点にある。上述のようにベックは、最高善を実践的概念であるとは認めず、体系上の要素と見なす立場をとる。ベックはこの点から、『実践理性批判』のアンチノミーは、内容的にも形式的にも、『純粋理性批判』のアンチノミーのような重要性は有していないと評価する。ベックによるアンチノミーの変化についての指摘の要点は、次の二点にまとめることができる。

第一に、『純粋理性批判』と『実践理性批判』のアンチノミーの定立、反定立の両命題の関係の違いである。『純粋理性批判』では、二つの命題は、それぞれが独立した主張を持ち、そして互いに矛盾する関係にあった。だが、『実践理性批判』のアンチノミーの二つの命題は、そもそも互いを否定するような矛盾対当の関係にはない。第二の指摘は、アンチノミーの解決の性質の相違である。『純粋理性批判』でも、『実践理性批判』でも、アンチノミーの解決は感性界と叡智界との区別に基づく。ただし、『純粋理性批判』の第三アンチノミーでは、定立の主張を叡智界、反定立の主張を感性界に妥当させることで解決していた。それに対して『実践理性批判』では、反定立の主張は同じく叡智界と感性界の区別によって解決されるが、定立の側の主張（幸福への欲求が道徳性の動機であること）は、「明らかに偽である」（V 114）とされ、まったく立証されない。ベックはこうした指摘に基づいて、『実践理性批判』のアンチノミー全体が「技巧的で作為的」であり、その結果、『実践理性批判』のアンチノミーは「厳密な意味でのアンチノミーではない[16]」と述べる。

最高善に対する評価は別として、本書の狙いにとって、こうしたアンチノミーの定式と性質の変化についてのベックの指摘は重要である。というのも、「隠されたアンチノミー」もまた、『純粋理性批判』で提起されたアンチノミーの定式ではなく、『実践理性批判』以降の変化したアンチノミーの形式をとっているからである。しかし、筆者はアンチノミーの真の変化は、『実践理性批判』ではなく『判断力批判』で初めて生じていると考える。このことを裏付けるために、次に『判断力批判』のアンチノミー論の先行研究を考察し、『判断力批判』で、どのような変化が起きているのかを解明してゆく。

第3節　『判断力批判』におけるアンチノミーの定式の変容

『判断力批判』には、第一部と第二部に弁証論があり、それぞれ趣味のアンチノミーと有機体に関するアンチノミーが提示されている。第一部では、美感的判断力におけるアンチノミーが取り扱われる。これは美感的趣味判断の根底に何らかのアプリオリな原理があるかどうかをめぐって生じる「趣味のアンチノミー」である。このアンチノミーの解決は、定立と反定立における「諸概念（Begriffen）」（V 338）の意味を区別することで行われる。すなわち、「互いに抗争する二つの命題が、実際には矛盾し合うことなく、両立しうる」（V 340）のであって、定立の側で語られる「概念」とは規定された概念であり、反定立の概念は「未規定の概念」であることが明らかにされ、解決されるのである。『判断力批判』第一部のアンチノミーとその解決については、研究者からその必然性についての疑問や批判が投げかけられてきた。例えば、W・バルトゥシャットは、『判断力批判』におけるアンチノミーは反省的判断力にとって、必然的であることが示されていないと批判する。(17) さらにP・ガイヤーは、弁証論に先行する「純粋な美感的判断の演繹」で、実質的にこのアンチノミーの解決は行われていると主張する[18]。これに対して、アリソンは、ベックが『実践理性批判』に対して行ったのと同様に、『判断力批判』でのアンチノミーの構造の不十分さを指摘し、論点を分節化した上で、仮言三段論法否定式（Modus tollens）による再定式化を試み、カントはここで趣味判断の原理の完全な説明という新しい問題に関わっていると考えている[19]。

また、第二部では、目的論的判断力におけるアンチノミーとして、自然の体系性をめぐる機械論と目的論に関するアンチノミーが論じられる。このアンチノミーの解決は、機械論と目的論の両格率が、規定的判断力にとっての客観的原理ではなく、反省的判断力の主観的原理として理解されることで果たされる。従来、この論点に関する研究史でしばしば問題となってきたのは、「反省的判断力」と『純粋理性批判』における「理性の仮説的使用」との関係である[20]。

『純粋理性批判』の「超越論的弁証論への付録」の記述に従うならば、理性は「同質性の原理」「種別化の原理」「連続性の法則」に従って「理性の仮説的使用」を遂行することによって、特殊的自然法則を含む自然を「集積」としてではなく、「体系（System）」として理解すると考えられる。だが、『判断力批判』では、自然の体系化は「理性の仮説的使用」によって為されるのではなく、反省的判断力の固有の働きによって果たされると説明されている。この問題に関する先行研究には、発展史的解釈の立場を取るホルストマンの解釈[21]があり、他方で論理的原理に対する超越論的原理の先行性を主張するR・ブラントの立場[22]がある。また、R・マックリールは「理性の仮説的使用」は、個に対する普遍性を前提している点で反省的判断力とは決定的に異なると解釈して、『判断力批判』で登場した反省的判断力の固有性を強調している[23]。

このように先行研究でも、『実践理性批判』に引き続いて『判断力批判』でもアンチノミー概念の性質の変化を指摘しているものは少なくない。注目すべき点は、アンチノミーの定式は、三批判書の中でも次第に緩やかになっているということと、アンチノミーの内容も次第に伝統的形而上学のテーマから逸脱しているということである。

従来の解釈の多くは、『純粋理性批判』と他の二つの批判書のアンチノミーの意味を対照させることによって、その性質の違いを際立たせており、特にその変化の起源を『実践理性批判』に見出している。しかし、実は『判断力批判』の論述の中でこそ、アンチノミーの性質に決定的な変化が起きているのだ。このことを明らかにするためには、カントが『純粋理性批判』および『実践理性批判』のアンチノミーに対して与えている「解決」の仕方と、『判断力批判』での「解決」の仕方の違いに注目する必要がある。

カントは、『判断力批判』のアンチノミーの解決は『純粋理性批判』のアンチノミーの解決と「類似した道行(einen ähnlichen Gang)」(V 341)を取ると述べる。だが、筆者が見る限り、両者はあくまで「類似した道行」であり、その内容は決定的に異なっている。実際、カント自身、美感的判断力のアンチノミーの解決について「我々が果たすことができるのは、趣味の要求と反対要求との間のこの抗争を取り除くこと(zu heben)以上のことではない」(ibid.)と説明するように、『判断力批判』のアンチノミーは、解決(Auflösung)というよりも、除去(Hebung)と呼ぶ方がふさわしい仕方で解消されているのである。

例えば、『純粋理性批判』の自由と因果性をめぐる第三アンチノミーは、感性界と叡智界の区別に基づいて解決された。そこでは、定立の側の命題(自由による原因性がある)は、叡智界と感性界との関係に適用されることによって、他方、反定立の側の命題(自由はなく、すべては自然法則に従う)は、感性界相互の関係にのみ制限されることで解決されていた。

『純粋理性批判』で示された二元論的区別に基づく解決は、カントの倫理学説にとって不可欠の前提であり、

『実践理性批判』のアンチノミーもやはりこの区別に依拠している。『実践理性批判』の定立の側の命題（幸福の追求が徳の心術を生み出す）は、「端的に偽である」（V 114）とされる。そして、反定立の命題（徳の心術が幸福の必要かつ十分条件である）は、徳と幸福の結合が自然法則と一致しているとみなされる限りで偽であり、『純粋理性批判』と同様に、両者の結合の可能性を感性界においてではなく、叡智界に見出すことでアンチノミーの解決が行われている。

しかしながら、『判断力批判』のアンチノミーの解決では、こうした感性界と叡智界の区別が持ち出されることはなく、判断が基づく「概念」の意味を区別することで解決されるにすぎない[24]。美感的判断力のアンチノミーは、アンチノミーの両命題の概念が規定的であるか、反省的であるかを区別することで解決が行われる。そして、目的論的判断力のアンチノミーは、両命題を規定的判断力のための客観的原理ではなく、反省的判断力のたんなる格率であると見なすことで、その解決が果たされている。

ここで示されているアンチノミーの性質の変化はきわめて重要である。なぜなら、アンチノミーの解決が、超越論的観念論の導入による感性界と叡智界という区別に基づかずに行われるようになったのであり、アンチノミーが登場する領域が、純粋に理論的な問題から分離されたことを意味するからである。その結果として、『判断力批判』のアンチノミーは、美感的な自然の理解や自然探究のための方法的問題にまで関わることになり、結果として、批判哲学の中で、アンチノミーが生じる領域が「技術的‐実践的」次元も含む広い意味での実践哲学にまで広がることになったのである。

三批判書でのアンチノミーの性質の変化は、次の三点にまとめることができる。第一に、アンチノミーの定式上の変化である。これは上述のベックの指摘に基づく。アンチノミーの両命題は、互いを否定するような矛盾対当的な関係ではなくなっていった。第二に、アンチノミーの解決の仕方の変化である。アンチノミーの解決は、感性界と叡智界の区別によるのではなく、概念や格率の意味の相違によってもたらされることになった。第三に、アンチノミーの領域の変化である。アンチノミーは、理論的な問題および「道徳的‐実践的」な問題だけでなく、「技術的‐実践的」次元を含む広い意味での実践的な次元に広がったのだ。

こうしたアンチノミーの性質の変化を経て、三批判書以降、カントは上級認識能力に限らず、さまざまな文脈でのアンチノミー状態について語りはじめる。例えば、『たんなる理性の限界内における宗教』（以下、『宗教論』と略記）では、「浄福となる信仰（Der seligmachende Glaube）」に含まれる「善き生き方（der gute Lebenswandel）」と「贖罪（Genugtuung）」という二つの原理が「注目すべきアンチノミー（eine merkwürdige Antinomie）」（VI 116）を引き起こしていると論じられる。『永遠平和のために』では「政治と道徳との間のアンチノミー（Antinomie zwischen Politik und Moral）」（VIII 383）という言葉が登場し、怜悧を原理とする政治の原則と道徳との対立が述べられる。また、アンチノミーという用語を明示的に使用していない場合でも、実質的に二つの命題や原理を対立させるかたちで問題提起を行っている箇所もあり、カントは広義の実践的領域でアンチノミー概念を使用しているのだ。

つまり、カントは『判断力批判』での決定的変化以降、法哲学や歴史哲学、教育学、宗教論などさまざまな場面でアンチノミーを見出しているのである[25]。次節では、こうした三批判書以外のアンチノミーについての先行研究を取り上げ、それらのアンチノミーがどのような文脈で登場し、どのような意味を有しているのかを解明する。

第4節　三批判書以外のアンチノミーに対する解釈

先述のように、アンチノミーという言葉は三批判書以外にも複数の著作で登場し、カントが「アンチノミー状態」を見出している領域は複数存在する。しかし、筆者が見る限り、定立・反定立という形で明確に定式化しているものは『宗教論』にとどまる。そのせいもあり、三批判書以外のアンチノミーを正面切ってとりあげた研究は少ない。

筆者の考察によれば、関連する問題領域から、三批判書以外のアンチノミー状態に対するアプローチがいくつかみられる。その主要な傾向を挙げるならば、歴史哲学的アプローチ、美学的・文化的アプローチ、人間学的アプローチに分けることができる。以下では、その主要論点を取り上げて、その妥当性を吟味・検討してゆく。

まず、歴史哲学的アプローチとしては、F・カウルバッハの見解を指摘できる。カウルバッハは『判断力批判』で展開された自然概念が、カントの歴史哲学に関して弁証論的な性格を持つことを指摘する。[26] というのも、『判断力批判』では、自然は反省的判断力によって「合目的的（zweckmäßig）」なものとして捉えられるが、歴史哲学では、自然は意図を実現するために悟性に一つの体系的な導きの糸を与えるという「目的活動的（zwecktätig）」なものと理解できるからである。つまり、カウルバッハは、カントの歴史哲学に悟性が与える法則に服す自然と、自らの目的を追求し実現する目的活動的な歴史的自然との、二つの対立を見出している。また、A・ウッドは、カントの歴史哲学をたんなる道徳目的論と見なすことを批判する。ウッドは、『判断力批判』の「目的論的判断力の批判」を、カントの歴史哲学の理論的根拠とみなし、カントの歴史哲学に理論的側面と実践的側面との二つの性質があることを指摘し、非社交的社交性と道徳目的論的歴史との対立関係を解釈しようとする。[27] こうした研究は、カントの歴史哲学を批判哲学の体系内に位置づけ、歴史哲学の中にアンチノミー状態を見出そうとする研究である。このような試みは主に、非社交的社交性と道徳とのアンチノミー状態の問題に一定の解答を与えようとしていると解釈できる。

次に美学的・文化的アプローチとしては、G・クレムリングの研究[28]に代表される見解がある。クレムリングは、『判断力批判』における目的論を歴史的–実践的理性の問題として捉えることにより、美的なものの社会的な重要性を照らし出し、美学と目的論は実践哲学と結びついて相互に連関していると主張する。その際、クレムリングは、目的論で扱われたカントの文化概念の中から「文化批判の論理」を導出しようと試みている。その結果、カント哲学の中で文化は「自由に基づく究極目的の実現」を条件として内包していることが導出される。また、H・シュネーデルバッハは、カントの文化概念と伝統的な文化概念の意味と比較し、カントの文化概念の理解の特徴として、文化が道徳とのアンチノミー状態を引き起こすことを強調し、文化概念そのものに文化批判の機能を見いだそうとしている。[29]

最後に人間学的アプローチは、二〇〇〇年以降のR・ルーデンの研究に代表される見解である。[30] ルーデンは『人倫の形而上学』で示唆された「人倫の形而上学の対称物（Das Gegenstück einer Metaphysik der Sitten）として の道徳的人間学（moralische Anthropologie）」（VI 217）を『人倫の形而上学』『教育論』『宗教論』のほか諸講義録や『レフレクシオーン』から再構成することで、カント倫理学に対する形式主義批判を回避し、カントの人間学や教育学、宗教論から「インピュア・エシックス（Impure Ethics）」を取り出すことを試みている。このアプローチの系譜に連なるものとして、文化の両義的性格を認めつつ、教育や文化と道徳との関係を強調するH・ウィルソンの見解や、『教育学』に「教育学的アンチノミー」を見出すH・ヘルマンの研究を挙げることができる。[31]これらは実際には、本書で取り扱う教育と宗教における「隠されたアンチノミー」の問題に触れており、筆者と近い位置にある。

しかしながら、これらの三つのアプローチによる研究のいずれの立場に対しても、カント解釈上の限界を指摘することができる。第一の歴史哲学的アプローチは、カントの歴史哲学におけるアンチノミー状態を、非社交的社交性と道徳の対立に見出している。だが、筆者が見る限り、歴史哲学におけるアンチノミーとは非社交的社交性と道徳の対立ではなく、文化と道徳との対立と理解すべきである。なぜなら、非社交的社交性とカントの道徳目的論は、最終的には相補的な関係にあり、理論的には対立が解消されてしまうからである。だが、本来、歴史における人間の行為の結果や、その産出としての文化は、道徳目的論により、歴史のどこかの地点で調停されうるものではない。歴史の中で人間が産出する技術や文化は、道徳的なあり方に貢献する場合もあれば、道徳との深刻な対立を引き起こすこともありえる。[32]したがって、歴史哲学におけるアンチノミーは、『判断力批判』の方法論で展開された文化と道徳とのアンチノミー状態に注目することでより適切に捉えられる。

第二の美学的・文化的アプローチは、文化概念と道徳とのアンチノミー状態に注目し、その中から「文化批判の論理」を取り出そうとする点で、本書の問題意識と共通している。だが、このアプローチでは、美学の分野が批判的文化解釈の現場とされ、美学的および文化的関心のみに考察が限定されてしまい、本書で取り扱う文化概念の歴史的、教育学的、宗教的な意義は考察されていない。[33]

第三の人間学的アプローチは、美学だけでなく、教育や宗教[34]といった経験的で実践的な領域にアンチノミーを認める点で、筆者に重要な示唆を与えている。だが、このアプローチでは、これらのアンチノミーの体系的位置づけが不明瞭になっている。例えば、ルーデンの試みるカントの「インピュア・エシックス」構想も、三批判書との関係が不明確であり、カント哲学体系上の位置づけが見えないという欠陥を免れない。

上述のように、これら三つのアプローチのいずれの立場も、三批判書の各弁証論以外にもアンチノミー状態を認めている点で共通しており、本書の問題意識を部分的に共有している。しかし、いずれのアプローチもそれぞれのアンチノミー状態を個別の課題と捉え、それらを総合的に解釈しようとする視座を持たない点で不十分である。それに対して、筆者は『判断力批判』の方法論で展開された「文化と道徳とのアンチノミー」を個々の文脈で登場するアンチノミーの基本モデルとみなし、それらの「隠されたアンチノミー」のカント哲学体系上の位置づけと意義を明らかにしてゆく。

ここまでの本章の考察の成果を要約したい。本章では、カント自身の用法と三批判書のアンチノミー論の先行研究を分析することによって、カントのアンチノミーの定式と内容に変化が見られていることを解明した。その結果、とりわけ『判断力批判』以降、アンチノミーの両命題は、厳密な矛盾対当の命題ではなくなっていったことを明らかにした。また、アンチノミーが生じる領域も、純粋な理論哲学と実践哲学のいずれでもなく、「技術的 - 実践的」なものも含む、広い意味での実践的な領域へと移行し拡大したことが明らかになった。

また、三批判書以外のアンチノミー状態に迫る三つのアプローチは、それぞれ有益な示唆を含むものの、いずれも個別のアンチノミーの問題に定位するあまり、これらのアンチノミー状態をカント哲学体系内に正確に位置づけることに失敗した。これに対して本書では、個々の文脈で現れるアンチノミー状態を、人間のさまざまな技術や能力である文化と道徳とのアンチノミー状態として統一的に解釈する。というのも、序論で示唆したように、無作為にさまざまな文脈で現れるように見える「隠されたアンチノミー」は、人間の文化的進歩と道徳的進歩の間で起こる矛盾・対立する事態であると理解することができるからである。

第2章では、『判断力批判』の方法論を中心に考察し、カントの論述の中に「文化と道徳とのアンチノミー」が存在することを解明してゆく。そしてカントが複数の分野で「文化と道徳とのアンチノミー」に取り組んでいることを明らかにしてゆく。

注

（1）トネリの研究によれば、カントは、一七七〇年の教授資格論文から一七八一年の『純粋理性批判』刊行の「沈黙の一〇年」の間に、こうした概念の摂取と批判哲学固有の意味づけを行っていた。Giorgio Tonelli, Das Wiederaufleben der deutsch-aristotelischen Terminologie bei Kant während der Entstehung der “Kritik der reinen Vernunft”, in: *Archiv für Begriffsgeschichte. Band 9*. Meiner 1964, S. 233–242.

（2）Norbert Hinske, Kants Begriff der Antinomie und die Etappen seiner Ausarbeitung, in: *Kant-Studien 56*. Walter de Gruyter, 1966, S. 485–496.

（3）ただし、ヒンスケはアンチノミー問題の広がりを指摘したが、その分析は前批判期と三批判書に限られている。それに対し、本書は批判期以降の三批判書以外の著作にも、アンチノミー問題が展開されていることを示し、アンチノミーの「人間学的な重要性」を明らかにする。

（4）第1章第4節を参照。

（5）ヘーゲルは、アンチノミーの定立と反定立について、「それだけで孤立させられるならば空虚なものである」と述べ、むしろアンチノミーの定立と反定立の統一のうちに真理を見出しているように、カントのアンチノミー論との対決を通して自身の弁証法に関する思索を明確にした。Georg Wilhelm Friedrich Hegel, *Wissenschaft der Logik*, Erster Teil, Die Objektive Logik, Erster Band, Die Lehre von Sein, in: *Georg Wilhelm Friedrich Hegel, Gesammelte*

Werke, Bd. 21. Hrsg. von der Rheinisch- Westfälische Alademie der Wissenschaften, Hamburg, Meiner, 1985, S. 179–189.

（6）Benno Erdmann, Die Entwicklungsperioden von Kants theoretischer Philosophie, in: *Reflexionen Kants zur kritischen Philosophie Bd. II. Reflexionen Kants zur Kritik der reinen Vernunft*, hrsg. von B. Erdmann, 1884, S. XII–LX.

（7）Heinz Heimsoeth, *Transzendentale Dialektik. Ein Kommentar zu Kants Kritik der reinen Vernunft. Teil. 2, Vierfache Vernunftautonomie; Natur und Freiheit: Intelligibler und empirischer Charakter*, Walter de Gruyter, 1967.（H・ハイムゼート『魂・世界および神　カント『純粋理性批判』註解・超越論的弁証論（第二部）』山形欽一訳、晃洋書房、一九九〇年）。

（8）Lewis W. Beck, *A Commentary on Kant's Critique of Practical Reason*, The University of Chicago Press, 1960.（L・W・ベック『カント『実践理性批判』の注解』藤田昇吾訳、新地書房、一九八五年）。

（9）Henry E. Alison, *Kant's Theory of Freedom*, Cambridge University Press, 1990.

（10）Rolf-Peter Horstmann, Die Idee der systematischen Einheit. Der Anhang zur transcendentalen Dialektik in Kants Kritik der reinen Vernunft, in: *Bausteine kritischer Philosophie*, Philo Verlagsgesellschaft, 1997.

（11）Jochen Bojanowski, *Kants Theorie der Freiheit, Rekonstruktion und Rehabilitierung*, Walter de Gruyter, 2006.

（12）L. W. Beck, ibid., p. 245.（L・W・ベック、前掲訳書、二九四頁）。

（13）John R. Silber, The Importance of the Highest good in Kant's Ethics, in: *Ethics* 73, The University of Chicago Press. 1963, pp. 179–197.

（14）Matthew Caswell, Kant's Conception of the Highest Good, the Gesinnung, and the Theory of Radical Evil, in: *Kant-Studien* 97, Walter de Gruyter, 2006, S. 184–209.

（15）Johannes Schwartländer, *Der Mensch ist Person. Kants Lehre von Menschen*. Kohlhammer, 1968.（J・シュヴァルトレンダー『カントの人間論——人間は人格である』佐竹昭臣訳、成文堂、一九八六年）。

（16）L. W. Beck, ibid., p. 247.（L・W・ベック、前掲訳書、二九六頁）。

（17） Wolfgang Bartuschat, *Zum systematischen Ort von Kants Kritik der Urteilskraft*, Klostermann, 1972.

（18） Paul Guyer, *Kant and the Claims of Taste*, Cambridge University Press, 1997, pp. 345–350.

（19） Henry E. Allison, *Kant's Theory of Taste – A Reading of the Critique of Aesthetic Judgement*, Cambridge University Press, 2001, pp. 236–267.

（20） この論点については、浜野喬士氏の研究から多くを教えられた。浜野喬士『カント「判断力批判」研究』作品社、二〇一四年、一〇九～一二七頁。

（21） ホルストマンは『純粋理性批判』ではまだ反省的判断力の機能が十分に明かされておらず、したがって、そこで扱われていた原理は悟性による認識の体系統一を補助的に可能にさせた論理的原理であり、『判断力批判』ではじめて主観的必然性を意味する超越論的原理を獲得したと考えている。Rolf-Peter Horstmann, Why Must There Be a Transcendentale Deduction in *Kant's Critique of Judgement?*, in: *Kant's Transcendental Deduction. The Three 'Critiques' and the 'Opus postumum'*, Stanford University Press, 1989, pp. 157–176.

（22） Reinhard Brandt, The Deduction in the Critique of Judgement: Comments on Hampshire and Horstmann, in: *Kant's Transcendental Deduction. The Three 'Critiques' and the 'Opus postumum'*, Stanford University Press, 1989, pp. 177–190.

（23） Rudolf A. Makreer, Traditional Historicism, Contemporary Interpretations of Historicity, and the History of Philosophy, in: *New Literary History*, vol. 21, No. 4, The Johns Hopkins University Press, 1990, pp. 977–991.

（24） アリソンは、こうした解決を「形式的解決（formal resolution）」と呼んでいる。Alison, ibid., p. 236.

（25） 『人倫の形而上学』の「倫理学的原理論」でも自分自身に関する義務について「見せかけのアンチノミーの解消（Aufschluß dieser scheinbaren Antinomie）」（VI 418）という節がもうけられている。

（26） Friedlich Kaulbach, Welchen Nutzen gibt Kant der Geschichtsphilosophie? in: *Kants-Studien 66*, Walter de Gruyter, 1975, S. 65–84.

（27） Allen Wood, Kant's Philosophy of History, in: *Toward Perpetual Peace and Other Writings on Politics, Peace, and*

History. Yale University Press. 2006, pp. 243–262.

(28) Gerhard Krämling, *Die systembildende Rolle von Ästhetik und Kulturphilosophie bei Kant*, (Reihe praktische Philosophie Bd. 23), Alber, Freiburg/München, 1985.

(29) Herbert Schnädelbach, Kultur und Kulturkritik, in: *Zur Rehabilitierung des animal rationale. Vorträge und Abhandlungen 2*, Suhrkamp, 1992.

(30) Robert Louden, *Kant's Impure Ethics: From Rational Beings to Human Beings*. Oxford University Press, 2000.

(31) Holly L.Wilson, *Kant's Pragmatic Anthropology, It's origin, Meaning, and Critical Significance*, SUNY, 2006. Horst Hermann, Kant als Erzieher, in: *Kant und die Berliner Aufklärung: Akten des IX. Internationalen Kant-Kongresses*. Hrsg. von Volker Gerhardt, Rolf-Peter Horstmann und Ralph Schumacher. Berlin/New York 2001, S. 39–46.

(32) とはいえ、カントの歴史哲学における道徳目的論の重要性を軽んじているわけではない。むしろ、筆者は道徳目的論こそがカントの歴史哲学の根本的な立場だと理解している。ただし、道徳目的論は歴史を考察する上での説明的原理として用いられてはならず、あくまで統制的理念であり、実践的課題として引き受けるべきものである。ウッドが、カントの歴史哲学における非社交的社交性と道徳目的論的歴史の対立の調停を好意的に解釈しつつ、最終的には、こうした見通しは二〇世紀の現実を経てさらに困難になり、「もはやカントの歴史哲学を信じることはできない」と断じたのは、この点を理解していなかったことによる。A. Wood, ibid., pp. 260–261.

(33) この他、美学的観点からの研究としては、S・ケマルの見解も挙げることができる。Salim Kemal, *Kant and Fine Art: An Essay on Kant and the Philosophy of Fine Art and Culture*. Clarendon Press, 1986.

(34) カントは『宗教論』の第三編以降、実際の宗教共同体についてもアンチノミー状態を見出している。この点については、第5章を参照。

第2章　文化と道徳とのアンチノミー

第1節　「隠されたアンチノミー」の定式化をめぐって

第2章では、『判断力批判』の論述にみられる「文化と道徳とのアンチノミー」が、批判哲学のさまざまな位相で現れる「隠されたアンチノミー」の基本モデルであることを明らかにする。この場合、「隠されたアンチノミー」の基本モデルとは、序論および第1章で明らかにしたように、「文化と道徳とのアンチノミー」が、後述の他の三組の「隠されたアンチノミー」の基礎となる性格と構造を有していることを意味する。なお、「隠されたアンチノミー」の具体的な諸相および意味は、本章以降の考察によって明らかにしてゆく。

第2章は、次の順序で論述を進める。最初に、カントの文化概念に関する近年の先行研究の成果を考察し、先行研究の解釈の問題点を明らかにする。先行研究の問題点は、文化に対するカントの異なる二つの思考傾向を十分に説明できなかったことにある。次に、『判断力批判』で、カントが文化に対して両義的な特徴づけを与えていることを明らかにする。『判断力批判』で、文化は自然目的論と道徳目的論という二つの異なる立場から論じられており、自然目的論的な論理を退ける仕方で文化の両義的な性質が論じられている。従来の研究者の多くは、カントによる文化概念のこの両義的評価を見逃してきた。その原因は、この両義的評価の特に否定的評価が、カントの論述のなかでどのような論理に基づいて展開されているのかを十分に把握できず、理解が不明瞭であったからである。最後に、文化に対するカントの両義的評価に基づいて、「文化と道徳とのアンチノミー」の定式と特徴、そしてこのアンチノミーが生じる原因を明らかにしてゆく。

ここで、第2章の考察の成果を先んじて示しておこう。カントは、『判断力批判』の中で、文化を二つの思考のベクトルから論じている。すなわち、一方では文化を自然から自由への「移行」(Übergang) のための媒介として位置づける。自然の領域から自由の領域へと移行するために、つまり、理性が命じる道徳的な定言命法を現実の世界で実現するために、文化は準備ないし媒介となりうると考えているのだ。『判断力批判』の主要な目的は、自然の領域から自由の領域への「移行」のプロセスをさまざまな手続きによって説明しようとすることにある。その中で、文化は人間を道徳的主体へと準備する積極的な意味をもつと捉えられている。だが他方で、カントは「自由の世界が自然の世界に対してある影響を及ぼすべきである」(V 176) とも強調する。この立場からすれば、二つの領域を統合する働きは、自由の側から果たされるべきであり、文化は人間の諸々の自然的営みである限り、自由の領域からは常に批判の対象として捉えられることになる。

批判哲学全体を俯瞰するならば、文化に対して、根本的にこの二重の立場が取られており、この点に「文化と道徳とのアンチノミー」が生まれる原因があった。しかし、『判断力批判』は、自然から自由への移行という論理構造のもとで論述が展開されているために、前者の立場が強く正面に出ており、文化に対するカントの二重の立場と、この立場がもたらす「文化と道徳とのアンチノミー」が隠されてしまった。従来の諸研究もまた、こうした移行の側面から『判断力批判』および文化概念を理解してきたため、『判断力批判』研究史の中でも、このアンチノミーは「隠されたアンチノミー」の状態に留まり続けたのである。

言い換えれば、『判断力批判』の移行の議論こそが、「文化と道徳とのアンチノミー」を生み、同時にこのアンチノミー状態を隠蔽してきた。実際、『判断力批判』を「移行学（Übergangswissenschaft）」と名づけ、移行の諸相を詳細に検討したG・レーマンの優れた研究は、[1]結果的に『判断力批判』の移行のプロセスで生じた「文化と道徳とのアンチノミー」の存在を隠蔽する結果となってしまった、とも言えるだろう。その意味で、本書の研究は、従来の『判断力批判』研究の負の成果に光を当てる試みでもある。

第2節　「文化」概念に関連する先行研究の問題

本節では、カントの文化概念に関する先行研究の成果と問題点を考察してゆく。本節の考察によって、多くの先行研究が、「文化と道徳とのアンチノミー」を見落とし、このアンチノミーが「隠されてきた」理由の一端が明らかになるだろう。

批判哲学において、「文化」は非常に錯綜した概念であり、その全体像を把握することは困難である。その理解を困難にしている原因は、この概念に対するカント自身の論述の不明瞭さにある。カントは、歴史哲学論考や『判断力批判』、『宗教論』などの複数のテキストにわたって、文化について言及している。だが、その意味と用法は首尾一貫しているとは言えない。文化概念は非常に広い意味で用いられているが、それらを網羅的に包括するような定義は与えられていない。

こうした錯綜した状況に対して、カントの文化概念を捉えなおし、あらためて定義しようとする試みがいくつかの先行研究で取り組まれてきた。

最初に、カントの文化概念についての代表的な解釈を検討したい。K・ライヒは、J－J・ルソーとの対比によって、カントの文化概念の独特な性質を描き出そうとした。ライヒによれば、カントは、文化を自然状態に対置し、さまざまな人間的悪徳の温床であると考える点でルソーの嫡子である。しかし他方で、文化を自然の目的として捉える点で自然と文化の和解が志向されており、カントはルソーから明らかに離反している。ライヒ説は、こうしてカントの文化概念の中に、自然に対する両義的な態度があることを認め、この点に批判的な文化哲学の可能性を読み取ろうとした。(2)

また、主に歴史哲学的観点から、カントの文化概念の特徴を捉えようとする研究として、I・エテロヴィックによる解釈を挙げることができる。(3) 彼の解釈によれば、カント哲学における文化は、次の三つの観点から捉えうる。第一の観点は、文化を人間の社会的素質の発展と捉え、その最終形態を共和制の樹立とする見方である。この代表例は、カントの歴史哲学で示される非社交的社交性に基づく市民社会の形成である。第二の観点は、文化を世代間の進歩のためのフレームワークと捉える見方である。この代表例は教育である。第三の観点は、文化を人間が「文化的自然」とも呼ぶべき第二の自然を自らのうちに開拓する特別な過程と理解する見方である。エテロヴィックは、この三つの観点に文化概念を分節化することで、文化がカントの歴史哲学の中で決定的な意義を持つ概念であると強調している。エテロヴィックの解釈は『判断力批判』で究極目的のための準備と位置づけられたカントの文化概念が、どのような意味で「準備」となりうるのかについて焦点を絞っており、その点で文化の積極的な側面を見出そうとする試みである。だが、彼の解釈は、歴史の中での文化のポジティブな側面のみを強調するあまり、結果的に、カントを「自然主義者に近い立場」とみなしてしまう。[4] この点でエテロヴィック説は、カントが文化概念に込めた両義的態度を切り捨てている、と言わざるをえない。後述するように、カントは、教育をはじめ文化が世代間にわたって継承されるものであると理解してはいる。しかし、継承されるものがただちに積極的なものであるとは考えていないのだ。

また、M・ハインツは、主に『判断力批判』と『人倫の形而上学』のテキストでの用例に基づき、カントの文化概念の全体像を把握することを試みている。彼の解釈によれば、カントの文化概念は「熟練の文化」「消極的な訓育の文化」「積極的な訓育の文化」の三つに分節することができる。[5]

まず、「熟練の文化」は、「諸目的一般を促進するための有用性」(V 431) の開発であり、さまざまな実用的な技術や能力を開発することと、その所産である技術や文化そのものを意味する。また「消極的な訓育の文化」は、「欲望の専制から意志を解放すること」(V 432) であり、その所産としては、学問や芸術が例として挙げられる。「消極的」と呼ばれるのは、これらが人間を道徳的に善くするわけではないが、欲望や感性的な衝動からの束縛を離れて、自由な決定を可能にさせるという意味で、人間を消極的に陶冶するものだからである。この「熟練の文化」と「消極的な訓育の文化」は、『判断力批判』でカントが示した文化の二つの性質そのものと一致している。だが、ハインツはさらに、批判哲学の中で文化がもう一つの意味を持っていることを指摘する。

それが最後の「積極的な訓育の文化」である。「積極的な訓育の文化」とは、『人倫の形而上学』で究明された「意志の開化」を指す。つまり、文化のはたらきは、人間に自らの道徳的意志を自覚させることにも及ぶと理解しているのだ。したがって、前二者は、人間の自然的完全性に関わるものであるが、「積極的な訓育の文化」は、道徳的完全性に関わるものとされている。ハインツは、このように文化概念を三種類に分節化することで、文化を人間の自然的素質と道徳的素質の両方にまたがる架橋的な性格を持つものとして解釈している。

上記のハインツの解釈は、カントの用例を分析し、カントの文化概念が「技術的 - 実践的」なものだけでなく、「道徳的 - 実践的」なものである意志にまで射程を持つことを示している点で妥当である。だが、「熟練の文化」や「消極的な訓育の文化」については、その具体的なあり方が示されているのに対して、「積極的な訓育の文化」の具体的なあり方や所産は明らかにされていない。それ以上に、ハインツ説の致命的な点は、「積極的な訓育の文化」と前二者との関係が不明瞭なままにとどまっていることにある。筆者が見るところ、ハインツの解釈は、文化概念に「消極的・積極的」という修飾語をつけて区別をすることには成功したが、結局、文化を自然と自由の二つの領域へと分断して理解しており、この概念の体系的な理解を示したものとは言えない。文化が二つの領域にまたがる架橋的な性格をもつことを示したいのであれば、文化がどのように二つの領域を架橋するのかということを明らかにしなければならないはずである。

以上のエテロヴィックおよびハインツの解釈に共通しているのは、カントの文化概念の性格を首尾一貫したものとして捉えようとする態度だと言えるだろう。エテロヴィックは歴史哲学的観点から、ハインツは人間の諸素質の発展に関する観点から、それぞれ文化を定義づけようと試みている。だが、カントは文化に対して首尾一貫した態度をとっているわけではない。むしろ、後述するように、カントは異なる二つの立場から文化概念を理解しているのだ。

他方、A・ゴンザレスの研究は、文化についてのカントの異なる態度を捉えようとしており、この点では現時点で最も網羅的で精緻な研究であると言える。(6) 彼女は、さまざまなテキストに登場するカントの文化概念を網羅的に整理・検討し、カントが文化について語る際、異なる三つのアプローチをとっていると結論づけた。[7]

一つ目のアプローチは、「自然主義的アプローチ」である。これは主に、カントの歴史哲学論考の中に認められる態度である。このアプローチでは、文化の発展やあり方は、歴史の背後に存在する自然の意図、あるいは人間の内なる自然の意図に基づくと考えられている。つまり、歴史の過程の中で、人間の社会的素質の開化や、その所産としての技術や市民的体制といった諸文化は、非社交的社交性によって促されて生み出される客体として描かれる。この整理に基づけば、上述のエテロヴィックの解釈は、主にこの第一の立場を中心的に考察したものと理解できる。

二つ目のアプローチは、「道徳的アプローチ」である。これは「自然主義的アプローチ」とは異なり、自然の意図ではなく、人間が文化と歴史を方向づける主体であると理解する立場とされる。ゴンザレスによれば、この立場は、『判断力批判』での最高善についてのカントの議論に認めることができる。『人倫の形而上学の基礎づけ』や『実践理性批判』では、最高善の実現は、あくまで彼岸的なものであった。それに対して、カントは『判断力批判』で、最高善を歴史の中で実現する可能性として、文化の役割を発見したのである。

三つ目のアプローチは、「批判的アプローチ」である。ゴンザレスは、特にこのアプローチに、文化に対するカント独特の態度を認めている。ゴンザレスによれば、「批判的アプローチ」とは、上述の第一と第二のアプローチの両立を可能にする、より根源的な立場である。「批判的アプローチ」とは、「人間社会は反省的判断力によって取り扱わなければならない」[8]という見解を文化に対する態度の根底に認めるアプローチとされる。この態度のもとで、文化は反省的判断力によって、一方では自然の歴史の過程の客体と理解され、他方では、人間が最高善の実現のために、主体的に産出し、方向づけてゆくものと理解される。筆者の理解によれば、ゴンザレスは

「批判的アプローチ」によって、たんに他の二つのアプローチの両立を説明しただけではない。そうではなく、文化的事象は、経験的な自然法則と純粋な道徳法則のいずれにも還元され得ない領域に属するものと理解しているのだ。

このようにゴンザレスは、文化に対するカントの三つのアプローチを考察することによって、カントの文化概念の特徴を描き出そうとしている。ゴンザレスによれば、カントの文化概念とは、たんに自然と道徳の間で中間的位置を占めるものではなく、自然法則や道徳法則とは異なる種類の法則性を有し、自然と自由の二つの領域に影響を与えるという独特の性質を持つものである。

以上のゴンザレスの解釈は、文化に対するカントの異質な態度を的確に分析し、かつ「批判的アプローチ」の立場から、異質な立場を総合的に理解することに成功している点で評価できる。だが、彼女の解釈もまた、文化に対するカントの理解を整合的に捉えようとする限りで、上述のハインツやエテロヴィックの解釈と同様の誤りに陥っているように思われる。

たしかにゴンザレスが主張したように、カントは、文化について、この三つのアプローチから論じていると整理することもできる。だが、こうしたゴンザレス説は、文化に対するカントの思考の内に矛盾・対立が存在していることを見落としている。筆者から見て重要なことは、ゴンザレスが言う「批判的アプローチ」の中にこそ、文化に対するカントの思考の矛盾・対立が存在している点である。その矛盾・対立とは、カントの中に文化を「究極目的のための準備と見なす」立場と、「究極目的の可能性を破壊するものと見なす」立場という異なる二つの思考様式が存在することなのだ。この二つの思考様式については、次節で考察してゆこう。

本節で吟味・検討した近年の先行研究による文化概念の解釈の不十分さは、要約すれば、次の二点にある。第一に、それらはいずれも『判断力批判』における文化概念についての論述の不明瞭さを捉えきれていない。第二に、文化に対するカントの相容れない二つの思考様式を正確に把握していない。むしろ、文化に対するカントの二つの思考様式を理解することによって、カントが文化と道徳との間の深刻なアンチノミー状態に陥っていることをはじめて明らかにすることができるのである。

そこで次節では、文化に対するカントの二つの思考様式を理解するために、『判断力批判』の「目的論的判断力の方法論」で展開された論述を検討する。かつてK・デュージングも指摘したように、『判断力批判』の「目的論的判断力の方法論」で述べられたカントの立場こそが、カントの文化理論の体系的な場所であると、筆者は考えるからである。(9)

第3節　最終目的と究極目的を導出する論理の異質性

カントは、新カント派の西南学派のように、「文化」を哲学の基礎的な構成要素としたわけではなかった。だが、カントは同時代の他の啓蒙主義者たちと比較して、文化に対して独特な捉え方をしている。第3節では、錯綜したカントの文化概念を分析し、この概念の根本的な特徴を解明する。そのために、カントが文化について最もまとまった論述を展開した『判断力批判』の第八二節から第八四節の議論を中心に分析を行う。あらかじめ要点を述べておくならば、カントはこの論述範囲で自然目的論から道徳目的論へと議論の焦点を移行させており、文化は、その間に位置するものとして論じられている。

先行研究による文化概念の定義の把握が不十分なものにとどまっていた原因は、文化に対するカントの両義的な理解とその構造を捉えていなかったことである。そして筆者の考察によれば、カントのこの両義的な理解の仕方は、自然目的論から道徳目的論へと議論の焦点を移行させる背景に潜んでいる。後述するように、この論点の理解は、同時代の啓蒙思想家たちとカントの思想的立場との質的な相違を明らかにすることによって、より容易になるはずである。

ところで、文化についての論述が行われている「目的論的判断力の方法論」で、目的論は、自然そのものの客観的な性質を明らかにする自然科学に属するのではなく、あくまで反省的判断力に対して諸物の判定を導くものと論じられている。その中で文化は、「人間と自然との結びつきによって目的として促進されるべきもの」(V 429)と説明され、自然の最終目的(der letzte Zweck)と位置づけられている。ところが、問題を複雑にしているのは、自然の最終目的を導出する推論が、第八二節から第八四節の間では首尾一貫した仕方で行われているように見えないことである。この論述の範囲では、カントは異なる二つの論理に依拠して、文化が自然の最終目的であるという結論を導出していると思われる。

その一つは、自然目的論的な推論である。これは第八二節で行われている。ここでは、「自然の諸物は何のために存在するのか」という目的論的な推論の帰結として、自然界のさまざまな存在のうち、人間こそが最終目的として考えられると説明される。なぜなら、カントによれば、人間のみが「諸目的を理解し、合目的的に形成された諸物の集合を、自らの理性によって諸目的の体系にすることができる唯一の存在」(V 426f.)だからである。こうした自然目的論的な理解の仕方は、同時代の啓蒙主義者たちと共通するものである。[10]

総じて同時代の啓蒙思想にとって文化とは、人間の自然状態と人間が目指すべき完成状態への媒介装置として捉えられるのが大半であった。[11] カントもまた、啓蒙や文化を人間の成熟への階梯と位置づけ、その主眼の一つを迷信からの脱却に置いている。この点では、カントは同時代の啓蒙主義者たちと基本的な認識を共有している。だが、同時に啓蒙主義者たちとカントの大きな質的差異も存在する。それは、カントが啓蒙と文化を、きわめて特殊な道徳的－実践的意味を持つものとして理解している点である。

例えば、モーゼス・メンデルスゾーンは、文化と啓蒙をそれぞれ次のように定義づける。[12]「文化」は、商取引や芸術および社会的な諸々のことがらの手際の良さに卓越することであり、技術への熟練を意味する。言い換えれば、何かを生産する技術から社交術に至るあらゆるレベルでの実用的な技術への熟練が「文化」である。それに対して、「啓蒙」は「より理論的な次元に関係し、理性的な知識に関係する」ことであり、「人間の生活の事柄を理性的に反省する熟練」と把握されている。そしてメンデルスゾーンは、学問や言語能力の洗練、それに伴う思考能力、言語能力の洗練を啓蒙の具体的内容として挙げている。

メンデルスゾーンの啓蒙観とは対照的に、カントにとって文化と啓蒙およびそれらによってもたらされる成熟とは、たんなる知識量の増加や思考能力の啓発ということを意味しない。むしろ『判断力批判』の論述で「輝かしき悲惨」という言葉で表現されているように、カントは、たんなる知識や技術の発展に対して、きわめて批判的な態度を取っている。そして、筆者の解釈によれば、文化に対するこうした批判的態度は、『判断力批判』の第八二節で示されている自然目的論的な論理構造からは導き出すことができない。文化に対するカントの論述の不明瞭さや曖昧さの原因は、第八二節で示されている自然目的論的な立場からの議論と、第八三節以降で示されるカント固有の道徳目的論的な立場からの議論が、カントによって、十分に整理されずに論じられている点にある。

文化に対するカントの複雑な立場を把握するためには、第八二節から第八四節までの入り組んだ議論を分析する必要がある。まずカントは、第八二節で、自然目的論的な論理に基づいて、自然の最終目的を人間であるとした上で、第八三節で別の論理構造によって、最終目的に関する議論を展開している。第八三節では、「究極目的(Endzweck)」という概念が登場し、この概念を前提にして、自然の最終目的は「人間の文化」であるとされる。後で確認するように、文化に対するカントの批判的態度は、この第八三節で登場する。ところが、「究極目的」が何であるのかについては、第八三節では触れられず、第八四節で初めて明らかにされる。それゆえ、第八三節では、どのような立場からカントが文化についての定義を述べているのかが不明瞭なままなのである。したがって、第八三節で論じられた文化に関するカントの議論を正確に捉えるためには、第八四節での議論を前節に先んじて理解し、究極目的と最終目的の関係を整理して理解する必要がある。そこで、この第八四節の議論を確認してみよう。

カントは、第八四節に「世界の現存在、言い換えれば創造そのものの究極目的について」というタイトルを付して、究極目的に関する定義を次のように記している。

> 究極目的とは、無条件的であり、したがって自然がそれを実現するのに、またその理念に従って産出するのに十分であるような目的ではない。〔中略〕というのも、自然のうちには、自然そのもののうちに見出される規定根拠がさらにそれのために再び条件づけられていないものは、存在しないからである。(V 435)

ここで注目すべきは、究極目的の導出に際して用いられる論理は、第八二節で用いられた自然目的論的な推論とは、質的にまったく異なっている点である。自然目的論的な推論では、「諸目的を理解し定立できる人間」が自然の最終目的として示されていた。ところが、究極目的の場合は、自然目的論的推論を踏み越えて、こうした目的連関そのものの意味が問われており、自然における目的因の遡求の系列とは別の目的が求められているのである。それでは、そのような自然における目的因の系列とは別の原因性を持つ存在とは何であるのか。カントは、この疑問に答えるように、次のように叙述を進めている。

ところで、我々は、世界における次のような唯一の種類の存在者を持っている。すなわち、その原因性が〔中略〕諸目的に向けられており、しかも同時にこの存在者が、それに従って自分に諸目的を規定しなければならない法則が、無条件的で自然の条件に依存しないものとして、しかもそれ自体で必然的なものとして、存在者によって表象されるような性質を持つ存在者である。それはヌーメノンとみなされた人間である。(ibid.)

カントは、自然の目的連関とは別の系列の存在として、「ヌーメノンとみなされた人間」、すなわち超感性的能力としての自由の主体である人間を究極目的として挙げている。筆者が見るところ、この究極目的の議論は、自然目的論的な推論に基づく最終目的の導出とは異なり、超越論的観念論の成果を前提として行われている。というのも、すでに『実践理性批判』で、有限な理性的存在者である人間には、自然の因果系列とは別の系列の原因性である道徳法則に従って行為する実践的自由があることが証明されていたからである。

こうした超越論的観念論の成果に基づいて論じられる道徳目的論の立場こそが、カントの本来の立場である。本節の議論をもう一度振り返り、整理しよう。カントは第八二節では、自然目的論的な推論に基づいて、目的系列の最終目的として、諸目的を理解し定立できる「人間」を導出しており、第八四節では、道徳目的論の観点から、究極目的を「ヌーメノンとみなされた人間」であると説明している。こうした観点からみるならば、第八三節では、その前後の節の間で異なる二つの論理構造によって導出された最終目的と究極目的との関係が論じられていると考えられるだろう。次の第4節では、こうした異質な二つの論理構造の間で文化がどのように論じられているのか、さらに考察を進めてゆく。

第4節　文化に対するカントの両義的評価

第4節では、前節までの考察の成果を踏まえて、『判断力批判』の第八三節における文化に対するカント自身の両義的な評価の内実を吟味・検討してゆく。結論を先取りして言えば、筆者の解釈では、第八三節で行われていることは自然目的論から道徳目的論への「移行」ではなく、「転換」である。第八三節におけるカントの本来の狙いは、二つの異質な論理構造の間に最終目的とされる文化を位置づけることによって、自然目的論的論理によって最終目的を導出する同時代人たちを批判しつつ、同時に第八四節で行われる道徳目的論の議論へと論理を転換する準備にあったのである。

第八二節では、自然の最終目的は、諸目的を定立できる人間とされる。だが、第八三節では、究極目的（道徳的主体としての人間）との関係を前提にして、人間の文化が最終目的であるとされる。第八三節で、カントは最終目的である文化に関する分類と定義を丁寧に行っている。注目すべきは、この箇所でカントが、第八二節で行われる自然目的論からの導出を退ける仕方で文化の否定的評価を強調し、第八四節での究極目的の議論とつなげる部分では、文化の積極的評価を強調していることだ。

ここで筆者の見解の固有性を明確にするために、従来のカント研究の諸見解と比較してみたい。筆者の見解とは異なり、いくつかの先行研究は、文化に対するカントの両義的評価を一義的に解釈しようとしてきた。例えば、A・ウッドは、技術的素質の開化である「熟練の文化」を自己保存の能力と結びつけて理解する。他方、H・ウィルソンは、「熟練の文化」が、やがて「人格性の素質」にまで至る人間の陶冶の第一歩であると捉える。両者の立場は文化をそれぞれ異なる端緒から解釈したものにすぎず、結局は文化についてのカントの否定的評価を積極的評価に回収している点で共通している。[13]

だが、筆者が見るところ、カントは文化に対して一義的な態度をとっていない。文化に対するカントの二義的な態度は、「有限な理性的存在者」というカント自身の人間把握に深く関わっている。つまり、人間を感性的存在者という観点から把握する場合、文化は生存のため、あるいは自らの恣意的な欲求のために開発される能力やその所産を意味する。[14] 他方、理性的存在者としての人間という観点から把握する場合、文化は人間および人類を感性的な束縛から解放させ、道徳的理性の主体へと準備する働きをなす。具体的には、カントは、悪徳を防止するための法秩序を整える市民社会体制や人間の獣的野蛮を陶冶する美術や学問をこうした準備として示唆している。[15]

そして注目すべきは、カントは自身が文化に対して与えた「道徳のための準備」という枠組みを踏み越えて、文化に対して否定的な評価をも下しているという点にある。カントは、場合によっては、文化は究極目的のための準備となるどころか、人間の道徳性そのものを破壊し、自然状態にある場合よりも、いっそう大きな禍悪に人間をさらすと考えている。第八三節でカントは、文化の進歩がさまざまな人間の不平等や不和をもたらすことを指摘し、こうした事態を「輝かしき悲惨」と呼び、それを主として批判的・否定的に捉えている。[16]

ここで注意深く読み解かねばならないのは、一見すると「輝かしき悲惨」もまた、文化の促進を促すことになるという意味で、上述の「自然主義的アプローチ」の立場に基づいた見解であるように解釈できる点にある。実際、カントは、第八三節の論述では階級差による貧困を「輝かしき悲惨」と呼び、その上で、「それでもこの輝かしき悲惨は、人類における自然素質そのものの発展と結びついている」(V 432) と語っている。このような立場は確かに「自然主義的アプローチ」そのものであるようにも思える。しかし、筆者の理解によれば、事実は異なる。

確かに、第八二節、第八三節までの論述で示された自然目的論的推論にのみ則るならば、「輝かしき悲惨」もまた、文化の自然的な発展のありかたの一つとして捉えられることになるだろう。なぜなら、自然目的論的な論理では、文化がもたらすいかなる結果も、結局は自然の目的に寄与するものとして是認することになるからである。つまり、カントと同時代の啓蒙主義者たちが採用した自然目的論的な論理、すなわち目的を理解し目的を定立できる限りでの人間および人間の文化を最終目的とするという論理に依拠する限り、文化に対する根本的な批判は展開できないのだ。

しかし、実際は第八三節で、カントはこうした自然目的論的に文化を捉える態度を退けている。ここで筆者が注意したいのは、第八三節で論じられたことがすべて「自然の目的」に関することであり、「人間の目的」ではないとされているという点だ。カントは再三にわたって、このことを強調している。「輝かしき悲惨」が結果として人間の自然素質の発展と結びついていると述べた直後にも、カントはただちに、この輝かしき悲惨によって達成されることは、自然の目的であり、「我々の目的ではないとしても (wenn es gleich nicht unser Zweck ist)」(ibid.) という条件節を挿入している。[17]

つまり、第八三節で述べられた「輝かしき悲惨」に代表される文化への否定的評価は、自然目的論の立場からすれば、「自然の目的」としては是認されることになる。しかしながら、こうした立場は直後に「我々の目的ではない」とカント自身によって撤回されている。続く第八四節で示されているのは、自然目的論ではなく、道徳目的論であり、この立場からすれば、「輝かしき悲惨」は、やはり文化がもたらす否定的側面に対する根本的な批判を意味していると理解することができるのである。

言い換えれば、第八二節から第八四節で論じられていることは、自然目的論から道徳目的論への「移行」ではなく、論理の「転換」である。従来の研究史による諸解釈は、この箇所をカントの宣言通り「移行」と解釈した結果、文化に対するカントの両義的評価の根拠と論理の把握が不明瞭なままにとどまっていたのである。(18)

筆者の理解に基づけば、カントの文化に対する否定的評価を象徴する「輝かしき悲惨」という言葉の意味に検討を加える必要がある。この語は、しばしば指摘されるように、アドルノおよびホルクハイマーの著作『啓蒙の弁証法』のタイトルと比較される場合があり、従来、こうした思想を先取りした見解として評価されてきた。筆者もまた、基本的にその見解に与する。だが、カントの場合、「輝かしき悲惨」の理解は、必ずしも明確ではない。一方で、カントはこの言葉によって、文化の輝かしい進歩発展が道徳的に悲惨な事態を産み出すというパラドクスを表している。実際、一部の研究者もまた、この理解を踏襲してきた。(19) しかし他方で、「輝かしき悲惨」とは、道徳的な観点から見て悲惨な事態に対して、アイロニカルな表現としてそれが輝かしいほど悲惨な状態であると解釈することもできる。この解釈が可能ならば、筆者が主張してきたカントの文化に対する否定的評価を象徴する「輝かしき悲惨」という言葉は、後者の意味に引きつけて解釈することができる。

以上の考察を通じて、『判断力批判』の第八二節から第八四節では、自然目的論から道徳目的論へという「移行」ではなく、論理の「転換」が行われていることが明らかになった。また『判断力批判』には、文化に対する統一しがたい両義的な評価が存在することも明らかになった。次の第5節では、こうした文化に対するカントの両義的評価が、批判哲学の中で文化と道徳との不可避的なアンチノミー状態を引き起こすことを明らかにする。

第5節　文化と道徳とのアンチノミー

第4節までの考察によって明らかにしたように、『判断力批判』には、文化に対して相矛盾する二つの立場が存在している。文化を積極的に評価する立場からは、文化には、究極目的のために自然を調整する働きを担う「準備」となる位置が与えられていた。他方、否定的に評価する立場からは、「輝かしき悲惨」という言葉に象徴されるように、文化が人間の道徳性そのものを破壊し、自然状態にあるときよりもいっそう大きな禍悪にさらすものとなりうるという評価が下されていた。文化に対するこうしたカントの両義的な立場を含む論述は、カント自身の意図に反して、「究極目的を準備する」という文化に固有の積極的な評価と適合しがたい帰結をもたらし、その結果、文化と道徳との間にアンチノミー状態を生じる結果となるのである。

本節では、カントの論述に内在するこのアンチノミー状態を定立と反定立との対立構造として再構成し、その内実を明らかにする。ただし、本書の主要課題は、「隠されたアンチノミー状態」の解明とその解決の可能性の探究にあるので、個々のアンチノミーの定立と反定立の再定式もまた、この考察の目的に必要な範囲内で行なう。したがってこの再定式化の試みは、必ずしもアンチノミーの構造の完璧性を意図したものではなく、まして『純粋理性批判』のアンチノミーのように定立と反定立との対立構造が直ちに合理論と経験論との矛盾・対立関係を意味するわけではない。

筆者の見解では、文化と道徳との間のアンチノミー状態とは、文化に対するカントの二つの立場の衝突であると解釈できる。その一つは、文化に対するカントの積極的な評価である。これまで見てきたように、『判断力批判』では、文化による準備を経てはじめて、究極目的の実現可能性が望み見られるという論述の順序が与えられていた。そこで、筆者はこの立場を文化に対する「道徳目的論的規定」と名づける。

カントにとって、「文化から道徳化へ」という論述の順序、言い換えれば「移行の論理」は動かしがたいものである。なぜなら、カントは人間の生来の粗暴さや自己保存的傾向を陶冶することなくしては、人格性の素質が開化されることはきわめて困難であるとみなしていたからである。それゆえ、人間および人類が最初から道徳的な立場に立って、技術や文化を道徳的に活用することはないと考えていた。こうした論理は、最終的には、文化は道徳的に用いられるべきであって、その場合に文化の本来の意義が発揮される、という主張につながってゆく。

文化に対するもう一つの立場は、そもそも文化と道徳を異質なものとみなし、道徳の側から文化を批判的に捉える立場である。筆者はこの立場を文化の「人間学的規定」と名づける。『人間学』の中で、カントは、文化は「比較する自己愛」に基づいて生み出されると考えている。文化を媒介にして、人間相互の貧困や不平等、不和も加速することになり、文化もまた、そういった負の現実を苗床として発展する。この立場から見れば、文化と「輝かしき悲惨」は相補的な関係にあると理解されることになる。重要なのは、その出所を「比較する自己愛」におく文化は、本来の性格から考えて、人間の道徳性ではなく、欲望や利己的な傾向性と結びついているという点である。したがって文化は、道徳性とは根本的に相容れないことになる。要するに、文化の根本的な規定自体が、そもそも道徳からは批判の対象として位置づけられているのである。ただし、カントも主張するように、文化は人間の能力や学問の発展にとって不可欠であり、本章第3節でも立ち入ったように、人間が自然の最終目的（letzter Zweck）であるためには、重要な役割を果たしているのである。しかし、それでも文化と道徳との間には、架橋しがたい「断絶」ないし「深淵」（Kluft）が横たわっている。

以上の議論の主要論点を別の見方から表現すれば、批判哲学の中に、文化を二つの異なる方向性から論じる立場が存在していると言い換えることができる。つまり、「道徳目的論的規定」にあっては、自然から自由の領域へという方向性の中で文化が「移行」として位置づけられており、「人間学的規定」にあっては、その反対の方向で、自由の領域、すなわち理性に基づいて、文化は批判的に論じられている。したがって、前者の立場から見れば、文化は道徳を準備するものと位置づけられるが、後者の立場から見れば、文化は道徳性に寄与することがないため、道徳からは批判されるべきものと捉えられる。批判哲学に潜むこの二つの立場は、文化に対する次のようなアンチノミーとして定式化できる。

定立　：文化は、道徳的に生きるために不可欠のものである。文化を通じて、人間が道徳的主体となるための準備が行われる。

反定立：文化は、道徳と相容れないものであり、道徳的に生きることを阻害する。文化を通じて、「輝かしき悲惨」が生じ、道徳的な生そのものの条件が破壊される。

筆者はこのアンチノミーを「文化と道徳とのアンチノミー」と名づける。筆者の見解によれば、カントは、この「文化と道徳とのアンチノミー」を明示的に提示することはできなかった。前節で明らかにしたように、特に『判断力批判』では、この二つのテーゼの立場が混合されて論じられている。それは『判断力批判』という著作が、哲学の体系の完成を狙いとしており、自然の領域から自由の領域への移行が主眼とされているため、反定立の立場が不明瞭になっているからである。「文化と道徳とのアンチノミー」が「隠されたアンチノミー」となってしまった理由は、この点にある。

言い換えれば、「文化と道徳とのアンチノミー」とは、カントが語る人間の「規定・使命（Bestimmung）」という事柄に潜むジレンマであるとも言える。すなわち、カントは『人間学』などで、「人間の使命」について次のように説明していた。

人間の使命とは、「人間は社会のうちで技術と文化によって自分を洗練化（文化化）し、文明化（市民化）し、道徳化するように使命づけられている」（VII 324）ことだと述べられる。なお、カントにとって文明化もまた一種の文化であり、両者は共に広い意味での文化に数え入れられる。[20]

カントは文化を通じて、自らを道徳化することが人間の使命（Bestimmung）であると論じている。この言明は、上述の定立の立場から理解するならば、人間が自ら自身を文化的にも洗練させ、さまざまな技術にも卓越して、そして道徳的に陶冶することが人間の使命だとしていると理解できる。だが、同時に、反定立の立場に立てば、文化は道徳化そのものを否定する危険性をもっているということが前提となる。そうであるならば、この言明は、人間の使命を高らかに宣言していると理解されるのではなく、むしろ、「そのような危険性を持った文化を経ることでしか道徳化へと至れない」という人間の「定め（Bestimmung）」を断じた言明であると解釈できる。さらに、文化から道徳化へという順序が不可避である以上、どのような文化や技術のあり方が、道徳化ないし究極目的の準備のためにふさわしいのかということを先に知ることはできないという「定め」をわれわれは負っているのだ。
また、ここで述べられている文化とは、「技術的‐実践的」なもの一般である。カントは、『判断力批判』の序論で、「実践的」という語を「技術的‐実践的」と、「道徳的‐実践的」という二つの意味に区別する。後者は、自由概念に基づく「実践的」であり、自由の諸規則を究明する実践哲学の領域に属する。それに対して、前者は、自然概念に従う諸物の可能性のみに関わる「実践的」であり、技術や人間の意思に影響を及ぼす思慮の諸規則が例として挙げられている（V 172）。また、『判断力批判のための第一序論』では、「諸法則のもとで自由を考察する諸命題だけが、実践的である」（XX 196）と述べられ、それ以外の実行に関するほかのすべての命題は「存在すべきであると欲するものを実現する技術に属する」（XX 200）と説明されている。[21]
したがってカントの論述によれば、「文化」もまた「存在すべきであると欲するものを実現する技術に属する」のであり、「道徳的‐実践的」とは区別される「技術的‐実践的」なものに含まれると考えられる。実際、文化とは「有能性と熟練」（V 430）の産出とされているが、熟練に関するあらゆる指令もまた「技術に属する」（XX 200）と説明されている。
この考察に基づくならば、「文化と道徳とのアンチノミー」で問題になっているのは、「技術的‐実践的」な次元と「道徳的‐実践的」な次元との二つの「実践」の間の関係にある。カントは、二つの「実践」を区別し、文化に究極目的の準備という定義を与える際に、再び「技術的‐実践的」と「道徳的‐実践的」とを接続しようとしている。だが、それがどのような条件の下で可能なのかについては、カント自身は明確に説明できなかったのである。[22]これらの理由により、「文化と道徳とのアンチノミー」が生じることになった。また、カント自身によって、その説明が為されなかった理由は、哲学の体系的完成を目指すという『判断力批判』の狙いのために、文化については、もっぱら定立の側からのみ語られ、解釈され続けたためである。そして、その結果として「文化と道徳とのアンチノミー」が隠されてしまったのである。

カントは「文化と道徳とのアンチノミー」を明確に定式化することができなかった。だが、このアンチノミーとその解決の必要性に対して、ある程度自覚的であったと推測することはできる。というのも、本章で明らかにした「文化と道徳とのアンチノミー」は、カントの諸著作の中のさまざまな文脈で登場しており、カントはそのつど、このアンチノミーに取り組んでいると理解することができるからだ。このことは、とりわけカントが、人間の未成熟状態からの改善の媒体として、また成熟のために不可欠の要件と考えていた「教育」「立法」「宗教」という三つの位相に関する研究において顕著である。したがって、以下の第3章から第5章の考察では、この三つの位相に隠されている「文化と道徳とのアンチノミー」を暴露し、カントがそのつど示唆した解決策を明らかにしてゆく。

注

（1） G・レーマンの解釈および『判断力批判』の移行的性格に着目した解釈の紹介は、岩波版『カント全集』第8巻の解説が詳しい。だが、こうした解釈が文化に対する二義的性格を隠蔽してしまったことについては言及されていない。牧野英二「『カント全集』第8巻解説」岩波書店、三二六頁。Gerhard Lehmann, Das philosophische Grundproblem in Kants Nachlaßwerk, in: *Beiträge zur Geschichte und Interpretation der Philosophie Kants*, Walter de Gruyter, 1969.

（2）Klaus Reich, Rousseau und Kant, in: *Klaus Reich. Gesammelte Schriften*. Meiner, 2001, S. 173–188.

（3）Igor Eterovic, Biological Roots of Kant's Concept of Culture, in: *Kant und Die Philosophie in Weltbürgerlicher Absicht. Akten des XI. Kant-Kongresses 2010*, Walter de Gruyter, 2013, pp. 389–402.

（4）I. Eterovic, ibid., p. 400.

（5）Marion Heinz, Kants Kulturtheorie, in: *Philosophie nach Kant, Neue Wege zum Verständnis von Kants Transzendental- und Moralphilosophie*. Walter de Gruyter, 2014, S. 313–327.

（6）Ana Marta Gonzalez, *Culture as Mediation, Kant on Nature, Culture, and Morality*. Geolg Olms, 2011.

（7）Ana M. Gonzalez, ibid., p. 307.

（8）Ana M. Gonzalez, ibid., p. 319.

（9）Klaus Düsing, *Die Teleologie in Kants Weltbegriff*, Kants-Studien Ergänzungshefte Bd. 96, Walter de Gruyter, 1986, S. 100–133.

（10）Ana M. Gonzalez, Kant's Contribution to social theory, in: *Kant-Studien*, Bd. 100, Walter de Gruyter, 2009, S. 86.

（11）例えば、M・メンデルスゾーンが『啓蒙とは何かという問いについて』の冒頭で「啓蒙（Aufklärung）、文化（Kultur）、陶冶（Bildung）は我々の言語にとってまだ新参者である」と述べているように、文化概念は、啓蒙思想の高まりと同時に流行し始めた概念であり、一八世紀ヨーロッパの哲学者にとって文化について語ることは一つのトレンドであった。Mendelssohn, Moses: Über die Frage: Was Heißt Aufklären? In: *Moses Mendelssohn, Gesammelte Schriften*, Bad Canstatt, Stuttgard, Bd. 6/1. 1981, S. 113–119.

（12）M. Mendelssohn, ibid.

（13）Allen Wood, Kant and the Problem of Human Nature, in: *Essays on Kant's Anthropology*. Cambridge University Press, 2003, pp. 38–59. Holly L.Wilson, *Kant's Pragmatic Anthropology, It's Origin, Meaning, and Critical Significance*, SUNY, 2006.

（14）『判断力批判』における最も端的な文化・開化に対する定義は「自然が（外的および内的に）人間によって、その為に使用されるあらゆる種類の目的に対する有能性か熟練」（V 430）である。

（15）vgl. V 432-434.

（16）カントは、「輝かしき悲惨」の実例として、社会的階級差による暴力や不平等に基づく貧困を挙げている。だが、今日の状況に応じて理解するならば、こうした「輝かしき悲惨」は、カントがあげた実例だけではなく、高度な科学技術がもたらすさまざまな負の現実による技術批判としても解釈できる。

（17）自然の最終目的とは「自然が自然の外にある究極目的に関して調整することができるものである」（V 431）と述べられているように、自然の最終目的である人間の諸素質の発展としての文化と究極目的は明確に区別されている。したがって、たとえどれほどの文化や諸素質の発展が、輝かしき悲惨によって発展させられたとしても、カントはそれ自体を究極目的と見なしてはいない。そして、こうした究極目的と最終目的との区別を設けている点に、啓蒙主義的進歩思想や、進歩史観に対するカントの批判的視点を認めることができる。

（18）こうした解釈は主に、上述のレーマンに代表されるものである。詳細は本章の注（1）を参照。

（19）牧野英二『遠近法主義の哲学』弘文堂、一九九六年、二〇二頁。

（20）正確に言うならば、カントにおける「文明化」（Zivilisierung）とは先に紹介した対人的技術である「訓育の文化」にあたる。というのも、カントにとって文明化とは「行儀作法と礼儀正しさ」（IX 450）を意味すると説明されているからである。それゆえ、本章で確認したように「熟練の文化」や道徳性との関係で捉えることのできる「文化」（Kultur）の方が「文明化」より広い概念であるということができる。

（21）なお、カントは「国家戦略」や「力学における実験の技術」などをこうした技術の例に挙げ、これらを「自然が含みうるものを原因として選択意志から導き出す実践的命題」と見なし、人間の道徳的自由に関わる実践的命題とは厳しく峻別している。

（22）第八三節では、究極目的へと準備するための文化、すなわち、「道徳的－実践的」次元に寄与しうる「技術的－実践的」なものとして「美術と諸学問（Schöne Kunst und Wissenschaften）」が挙げられている。その理由は、これらは「感性的性癖の圧制からきわめて大きなものを勝ち取り、このことによって理性だけが権力を持つべき支配権へと人間を準備する」（V 433）からであるとされている。だが、究極目的への準備となりうる文化や技術は、美術と諸学問だけに留まるものではない。すでに論じたように、カントは、「教育」「立法」「宗教」の三つを「文化-文明化-道徳化」という人類の進歩のための重要な媒体であると考えている。ただし、カントは「人間の考案した二つの技術、すなわち、統治の技術および教育の技術は、最も困難なものと見なされうる」（IX 446）と述べており、究極目的ないし「道徳的-実践的」なものへと接続するための技術のあり方を論じることの困難さを自覚している。

第3章　教育における「自由と強制とのアンチノミー」

第1節　教育思想における「隠されたアンチノミー」

第2章では、『判断力批判』における文化概念を考察し、批判哲学の中に文化を二つの異なる方向性から論じる立場が存在することを明らかにした。そして、その二つの立場に基づく文化に対する評価から、不可避的に「文化と道徳とのアンチノミー」という事態が帰結することを明らかにした。

この「文化と道徳のアンチノミー」は、『判断力批判』だけで解決され、終結している問題ではない。カントは人間の未成熟状態を改善するための媒体と考えていた「教育」「立法」「宗教」という三つの位相に関する研究の中でも、このアンチノミーに取り組んでいる。第3章以降では、こうした取り組みを「隠されたアンチノミー」として明瞭にし、これらのアンチノミーの内実とその解決可能性を探ってゆく。こうした試みは、同時にカント哲学の現代的意義を浮き彫りにすることにもつながるだろう。

第3章では、上記の三つの位相のうち「教育」に関する「隠されたアンチノミー」を解明してゆく。本章の目的は、カントの『教育学』(1)に「文化と道徳とのアンチノミー」を基本モデルとする「隠されたアンチノミー」が存在することを明らかにし、このアンチノミーに対するカントの取り組みの実態と解決の可能性を考察することである。ここで、本章の論述展開の見通しを示しておきたい。

はじめに、カントの教育思想における「隠されたアンチノミー」を「自由と強制とのアンチノミー」として取り出す。また、このアンチノミーが「文化と道徳とのアンチノミー」に基づいていることを明らかにする（第2節）。第二に、このアンチノミーに関連する先行研究を考察し、先行研究に対する筆者の立場を示す（第3節）。いくつかの先行研究は、カントの教育思想に教育が抱える根本的な問題を認め、それを「教育学的パラドクス」や「教育学的アンチノミー」と名づけている。(2)先行研究によるこうした指摘は、まさに本章で取り扱う教育における「隠されたアンチノミー」と重なる問題系である。第三に、上述の先行研究が、『教育学』における「隠されたアンチノミー」を十分に展開できなかった原因を解明する（第4節～第6節）。第四に、カントの教育思想の中から「自由と強制とのアンチノミー」の解決の可能性を明らかにする（第7節～第10節）。その際、カントの教育思想が「個人の教育」と「人類の教育」という二つの観点から構成されていることを解明し、それぞれの観点から、教育に関するアンチノミーとその解決の可能性を明らかにする。本章の考察によれば、「個人の教育」の観点からの解決とは、教育の原理に「自分で考えること」を根本的な態度とする「理性の開化」という条件を据えることにある。他方、「人類の教育」の観点からの解決は、教育を実験的なものと見なすことにある。こうした二重の観点からの「自由と強制とのアンチノミー」に対する解決の可能性を考察することにより、カントの教育思想に含まれる「世界市民主義的な教育」という理念の特徴もまた明らかになるはずである。

第2節　『教育学』における「自由と強制とのアンチノミー」

カントが「教育」を道徳的な人間形成のために決定的な要素と捉えていたことは極めて注目すべきことである。ごく有名な言葉であるが、カントは『教育学』の中で、「人間は教育によって、はじめて人間になることができる。人間とは、教育が人間からつくり出したものに他ならない」(IX 443) と述べており、人間が道徳的主体になるためには「教育」が不可欠な要素であると考えていた。まず、『教育学』で展開されている人間の教育プロセスを分析してゆこう。

カントは『教育学』で、教育プロセスについて、いくつかの区分を提示している。序説では、教育の段階として「訓練 (Disziplin) – 文化 (Kultivierung/Kultur) – 文明化 (Zivilisierung) – 道徳化 (Moralisierung)」という区分が提示される (IX 449)。また、教育の要素として「扶養 (Versorgung)」と「陶冶 (Bildung)」という区分が、教育のあり方として「私的 (Privat) 教育」と「公的 (öffentliche) 教育」という区分が提示される (IX 452)。本論に入ってからは、教育論の区別として、「自然的 (Physisch)」と「実践的 (Praktisch)」という区別が提示される。この実践的教育のもとで「熟練に関する学校的・機械論的陶冶、怜悧に関する実用的陶冶、人倫に関する道徳的陶冶」という段階が論じられる (IX 455)。さらに消極的教育としての「養護 (Verpflegung)」と、積極的教育としての「開化」という区分 (IX 456–466) や、「自然的開化 (physische Kultur)」と「実践的開化 (praktische Kultur)」という区分 (IX 470) も提示されている。

だが、これら複数の区分は精確に体系づけられているとは言い難い。筆者の立場からカントの段階的教育論を分節化するならば、次のようにまとめることができる。

まず、教育は、自然的な教育と実践的な教育に区分される。前者は「人間と動物とに共通する教育、または養護」(IX 455)であり、後者は「人間が自由に行為する存在者として生活できるようにするための教育」(ibid.)であり、「人格性のための教育」(ibid.)であると論じられている。(3)

この区分の上で、カントの段階的教育論は「訓練－文化－文明化－道徳化」という四段階から構成されており、自然状態としての人間が道徳的主体へと教育される過程が描きだされている。すなわち、人間の動物性や粗暴さは「訓練」によって適切に抑制される。次に、人間は「文化」によって熟達した技能や知識を習得し、「文明化」によって、その技術を社会で生かすための社交性や処世術を身につける。そして、最終的には「道徳化」により、道徳性を伴った人間へと陶冶されてゆく、と考えられているのである。カントの段階的教育論は、概ねこのように整理することができる。

しかし同時に、カントは自身の段階的教育論に付随する困難さを自覚していた。カントはこの困難を次のような言葉で説明している。

> 教育の最も重要な問題の一つは、法的強制に服従することと自己自身の自由を使用する能力とをいかにして統合できるのかということである。(IX 453)

筆者の解釈では、カントのこの言明は、自身の段階的教育論に付随するある困難を表している。後述するように、段階的教育論の最終段階である「道徳化」の場面では、この言明にある強制と自由という対立が際立って問題になるからである。そしてこの「道徳化」における自由と強制という対立こそが、カントの教育思想における「隠されたアンチノミー」としての「自由と強制とのアンチノミー」である。このアンチノミーは、とりわけ教育の最終段階である「道徳化」と、それ以前の教育段階との矛盾として現れてくる。順を追って、確認してゆこう。

カントにとって、一種の強制を含む教育は「道徳化」のために、不可欠なものである。「訓練」による「野生的な粗暴さの抑制」（IX 449）や、「文化」および「文明化」による諸技術や怜悧さの獲得は、たしかに直接的に道徳性の陶冶に結びつくわけではない。だが、それは教育の最終段階である「道徳化」のための下地作りとして必須の事柄である。というのも、もしも、このような教育がなければ、人間はむき出しの暴力が発揮される未開状態から脱出することはできないからだ。

しかし他方で、カントにとって「道徳化」とは自らの自由な道徳的意志に基づいて「真に善い目的だけ」を選択する心術を獲得することである。この場合、「真に善い目的」とは、「あらゆる人にも是認され、また、あらゆる人の目的であるような」（IX 450）目的を意味する。言い換えれば、実践理性に基づく普遍的な道徳法則を自らの格率として選択する主体になることが「道徳化」なのだ。そしてその際、重要なことに、カントは「道徳化」の基礎に「模範、威嚇、懲罰などを置こうとするならば、すべてが腐敗してしまう」（IX 475）と語り、「道徳化」が訓練や強制によっては果たされないことを強調している。というのも、実践理性の自律としての「自由」は、理性の事実として端的に与えられるものである以上、教育によって獲得されるような性質のものではないからだ。

カントの段階的教育論の「道徳化」におけるこのような「自由」と「強制」の対立は、『教育学』における

「自由と強制のアンチノミー」として次のように定式化することができる。

定立　：教育において、「道徳化」のために何らかの強制は必要不可欠である。というのも、強制がなければ道徳化の基盤である訓練、文化、文明化は成り立たないからである。

反定立：教育において、「道徳化」のために強制はあってはならない。というのも、「道徳化」とは実践理性の自由に基づいて格率を据えることであるから、強制や訓練に基づくならば、それは「自由」な行為ではなくなってしまう。

これらの定立と反定立の主張は、明らかにアンチノミー状態に陥っている。そして、筆者の解釈によれば、このアンチノミーは、第2章で明らかにした「文化と道徳とのアンチノミー」を基本モデルとした、カント教育思想における「隠されたアンチノミー」である。なぜなら、このアンチノミーが生じる原因は、カントの段階的教育論における「文化」に対する、異なる方向性からの評価にあるからだ。

すでに前章で論じたように、カントの中には、文化に対する相対立する二つの見方が存在している。一つは、文化を道徳性の実現のための準備ないし積極的な前提と理解する「道徳目的論的規定」である。もう一つは、文化と道徳性との異質性を強調して、文化を批判する「人間学的規定」である。この観点から整理するならば、「自由と強制のアンチノミー」の定立の側は、文化に対する「道徳目的論的規定」に基づいた主張と言える。なぜなら、カントは『判断力批判』の中で「熟練の文化」や「訓育の文化」（V 431f.）という名前で、こうした強制を伴う教育を「道徳化」のために目的論的に捉えているからである。言い換えれば、定立の側では、強制を伴う教育は「文化」として、人間を道徳化へと向かわせるための手段として捉えられているのである。

それに対して、「自由と強制とのアンチノミー」の反定立の側は、文化に対する「人間学的規定」に基づいた主張である。なぜなら、反定立の側の主張は、強制を伴う教育と「道徳化」との異質性が強調されており、同時に実践理性に基づく自由の立場から強制を伴う教育が批判されているからである。反定立の側では、強制を伴う教育は「文化」として捉えられているが、道徳のための手段として考えられてはいない。むしろ、実践理性及び道徳の立場から、強制を伴う教育は批判的に捉えられているのである。カントの教育論における「自由と強制とのアンチノミー」とは、教育の最終段階である「道徳化」と、それ以前の教育段階である「訓練・文化・文明化」、すなわち「文化」[4]とのアンチノミーでもある。いずれにせよ、このアンチノミーの根本的な原因は、「文化」に対するカントの二つの見方に起因するのだ。

次節では、カント教育論における「自由と強制とのアンチノミー」に関連する先行研究を考察してゆく。そして、先行研究と筆者との相違点を明確にし、それによって先行研究の不十分性を克服することを試みてゆく。

第3節　「自由と強制とのアンチノミー」に関連する先行研究

『教育学』についての先行研究の中で「自由と強制とのアンチノミー」を「隠されたアンチノミー」として解明しようとする研究は今なお存在しない。とはいえ、いくつかの先行研究は、カントの『教育学』における「隠されたアンチノミー」と関連する根本的な問題を指摘している。その根本的な問題とは、教育における「自由」

と「強制」の両立可能性という課題である。カント哲学だけでなく、広く教育学一般にも通底するこの課題は、カントの『教育学』研究史の中でも、古くから扱われてきた。(5)

しかし、近年の研究の中でこの根本的な問題を再燃させたのは、H・ヘルマンによる「教育学的アンチノミー」という指摘である。ヘルマンは、カントの『教育学』が自由な主体を育むことを目的としつつ、同時に強制という要素を含まざるをえないという矛盾に取り組んでいると主張する。またヘルマンは、この矛盾を「教育学的アンチノミー（Pädagogische Antinomie）」と名づけている。(6) また、K・クリスチャンセンも『教育学』に「教育学的パラドクス（Pedagogical Paradox）」が存在することを指摘する。クリスチャンセンが提示する「教育学的パラドクス」とは、「自由へと強制することはできない」という命題であり、これは近代の教育学固有のパラドクスとされている。なお、クリスチャンセンは、近代哲学の中でルソーとともに、カントをこのパラドクスに取り組んだ一人と見なしている。(7) さらに、クリスチャンセンが指摘する以前にも、D・ベンナーは、教育の目的を自律的主体の育成とする近代教育学が、こうしたアポリアを抱え込まざるをえないことを指摘していた。(8)

カント教育論の解釈を通じて、こうした「教育学的アンチノミー」ないし「教育学的パラドクス」の解決を示そうとする研究も存在する。例えば、一方ではJ・ピアジェやL・コールバーグの認知発達理論をカントの実践哲学および教育論のうちに読み込み、このアンチノミーの解決を試みる解釈がある。この解釈では、カントの段階的教育論は認知発達段階に応じた道徳教育論として理解される。(9) 他方で、L・ルヴリエは、カントの教育学を「批判的教育学」と名づけ、この「批判的教育学」の立場から、上述の認知発達論的解釈を批判する。ルヴリエによれば、カントの「批判的教育学」が強調していることは、自然的発達ではなく、「子どもの年齢に関係なく認めることができる自己決定および自律の概念」(10) だからである。筆者からすれば、ルヴリエの批判はほぼ妥当な見解である。というのも、自律概念とその根拠である実践理性はカントにとって非時間的性質を持つものであり、したがって時間的制約を示すことでは、このアンチノミーの解決を見出すことはできない。しかし、ルヴリエはこの「教育学的アンチノミー」の解決を示してはいない。ルヴリエ説によれば、この問題は、教育学が取り組み続けねばならない「ひとつの謎（a riddle）」であり、「批判的教育学」は、このアンチノミーの解決を提示したのではなく、課題として引き受け続けることを提示したと解釈される。だが、この解釈には大いに問題がある。筆者の解釈によれば、カントは、「教育学的アンチノミー」の解決の可能性を提示しており、ルヴリエの解釈はこの点を見落としている。このアンチノミーの解決については、後ほど立ち入ることにする。

さらに、別の種類の解決を模索する研究も存在する。それは、『教育学』のテキスト上の解釈から、このアンチノミーの解決を示そうとする研究である。例えば、G・キャヴァラーは、上述のカントの「教育の最も重要な問題の一つは……」（IX 453）という言明を分析し、「強制による自由（Freiheit durch Zwange）」と、カントが上述の引用文で使用している「強制を介した自由（Freiheit bei dem Zwange）」との意味の違いを強調する。キャヴァラーによれば、「強制による自由」は、子どもの自由が教育者からの干渉のもとで成り立つことを意味するが、「強制を介した自由」は、自由と強制が互いに還元できないことを意味しており、子どもの自由は、あくまで子ども自身の自発的能力の発現によることを意味すると解釈している。[11] また、C・W・サープレナントは、教育学におけるこうしたアンチノミーを「道徳教育のパラドクス（the paradox of moral education）」と呼び、カントの教育論におけるカテキズムに着目することで、このパラドクスの解決を試みている。[12] 彼によれば、カントが示したカテキズム的アプローチによる教育方法は、この問題の完全な解決を提供するものではないが、子どもの自律を侵すことなく道徳的原理を自覚させる可能性を示したものと解釈される。彼の考察は、カントの道徳教育論を、教育における自由と強制の問題を解決する方法として解釈した点[13]で特筆に値する。

こうした先行研究は、いずれもカントの教育思想における「隠されたアンチノミー」の問題系に着目している。とりわけ最後に挙げたサープレナントは、『教育学』にこのアンチノミーの解決を見出そうと試みている。この点で、彼の説はこのアンチノミーの解決に最も積極的に接近した研究である。だが、筆者の立場から言えば、こうした先行研究は、カントの教育思想における「隠されたアンチノミー」の本質を捉えそこなっている。なぜなら、先行研究は、このアンチノミーの原因である文化に対するカントの相対立する二つの評価を把握していないからである。

第4節　「道徳化」についての従来の解釈の問題

これまでの考察を踏まえて、本節では、先行研究が『教育学』の「道徳化」と文化との関係をどのように解釈してきたのかを明らかにする。また、以下の第5節および第6節では、先行研究の「道徳化」の解釈を批判的に考察し、筆者の立場との相違点を浮き彫りにする。この三つの節の考察により、先行研究の解釈によって『教育学』における「道徳化」概念が、不適切な仕方で解釈されてきたことも明らかになるだろう。

ところで、およそ「道徳化」とは何を意味するのだろうか。論争状況に立ち入る前に、ここでカントの『教育学』での「道徳化」に関する主張を吟味・検討しておきたい。

「道徳化」とは、『教育学』で示された「訓練‐文化‐文明化‐道徳化」という段階的教育論の最後の段階に位置する概念である。自然的存在者としての人間は、「訓練‐文化‐文明化」を経た上で、最終的には「道徳化」

されることで道徳性を伴った自由な主体へと陶冶される。カント自身も自覚していたように、自然から自由へと向かう教育のプロセスはいかにして可能かという課題は、『教育学』にとって不可避の課題であり、上述の先行研究の議論もこの点に関わる論争であった。

カントの段階的教育論に固有のこの課題は、「自由への教育」に関わる課題と呼ばれることもある。(14) 筆者の理解では、この課題が意味するところは、結局、カントの教育プロセスの最終段階に位置する「道徳化」をどのように解釈するかという問題に収斂される。言い換えれば、「道徳化」と、それ以前の教育段階である「訓練・文化・文明化」、すなわち「文化」との関係をどのように理解するかということが根本的な問題なのだ。

筆者が注目したいのは、従来のカント教育論の研究では、「道徳化」という概念が曖昧に捉えられてきたという事実にある。「道徳化」をめぐる先行研究の解釈は、およそ次の二つの立場に区分することができる。

(1) 『教育学』の文献学的不確定性の問題を指摘し、かつ『教育学』の内容自体に批判期の思想との齟齬を指摘し、『教育学』における「道徳化」に固有の意義を認めない立場

(2) 『教育学』と批判期の思想とのつながりがあることを主張するが、「道徳化」をめぐる言説は『教育学』では十分に展開されていないと見なし、したがって『宗教論』との関係で「道徳化」の内容を捉えようとする立場

まず、(1)の立場では、『教育学』の叙述は、ルソーやバセドウなどの当時の教育思想の寄せ集めであり、批判哲学固有の立場から語られていないものであると見なされる。したがって、この立場にとっては、「道徳化」に

ついても、批判哲学固有の観点からの意義ある考察を認めることができないとされる。たしかに『教育学』での「道徳化」の具体的な内容考察は見通しが悪く、理解しがたいのも事実である。「訓練」「文化」「文明化」が方法的実例を伴いながら明確に説明されているのに対して、「道徳化」の説明は、常に他の三段階と混在する仕方で行われ、「道徳化」は、具体的に何が、どのような方法によってなされるのかについては明瞭に論じられてはいない。

(1)の立場を代表する解釈者であるP・ナトルプやT・ヴァイスコップフは、文献学的不確定性の問題、すなわち編集者であるリンクの編集に対する疑わしさから、『教育学』はルソーや汎愛派など当時の教育思想のパッチワークであり、カント固有の立場から書かれたものではないと解釈する。[15] その結果、彼らは『教育学』で示される教育理論や「道徳化」に固有の意義を認めない。

それに対して、(2)の立場を代表するW・リッツェルやT・ヴィンケルス、そして比較的近年ではG・F・ムンツェルといった論者たちは『教育学』と批判期思想との内容的連関を主張している。[16] だが、この立場に立つ解釈は、批判期思想と『教育学』との内容的連関を認めるが、『教育学』のテキストでは「道徳化」の意味するところは依然不明瞭であるとして、「道徳化」の理解を『宗教論』の論述に求める。例えば、R・ヘンケ、J・オバーホフは『教育学』で語られる「人間に備わるすべての自然素質を発展させるという教育の理念」(IX 445)という論述に着目して、『宗教論』との関係で「道徳化」を解釈しようとする。[17] また、日本の研究者にもこうした立場をとるものもいる。[18]

一見すると(1)と(2)は相反する立場であるように思えるが、筆者が見るところ、両立場はいずれも『教育学』の「道徳化」および段階的教育論の意義を評価しないという点では共通している。(2)の立場は、たしかに、『教育学』にまつわる文献学的不確定性を自覚した上で、『教育学』の道徳教育に積極的評価を与えようとする。しかし、根本的な問題である「道徳化」については、⑵の立場も⑴の立場と見解を共有している。なぜなら、両立場はともに「道徳化」を理解するためは『教育学』の記述は不十分であると評価する点で一致しているからだ。そこで、第5節以降では、先行研究⑴の立場および⑵の立場に反論し、論述を展開してゆく。

第5節　批判哲学における教育論の位置

上記の⑴の立場に対しては、『教育学』解釈史において、すでに多くの反論が提出され、『教育学』と批判期思想とのつながりを認める主張が行われてきた。[19] それらは主に『教育学』と他の著作の論述内容との一致を指摘し、『教育学』を補完的に解釈するという仕方で『教育学』と批判期思想とのつながりを主張した。それに対して、この第5節では『教育学』などで展開された教育論が批判期のカント実践哲学の中で一貫して体系的な位置づけが与えられていることを明らかにし、『教育学』と批判期思想との間に必然的なつながりがあることを論証してゆく。

批判哲学の体系内で「教育」をどのように位置づけるかという問題は、カント研究上の困難な課題の一つである。[20] カントが「教育」についてまとまった論述を行っている箇所は『教育学』や『実践理性批判』、『人倫の形而上学』の他にも、多くの著作や講義録に確認することができる。だが実は、筆者の理解によれば、これらの著作内での「教育」に関わる論述を精査するならば、批判哲学の体系内での「教育」の位置づけは首尾一貫しているのだ。

批判哲学体系内の教育論の位置づけは、カントが教育論に与えている二つの特徴によって説明できる。第一の特徴は、カントが教育論を体系的な学問となるべきものとみなしていることである。第二の特徴は、カントが教育論を実践哲学の方法論と位置づけていることである。この二つの特徴を分析し、批判哲学における教育論の位置を解明してゆこう。

第一の特徴に関して、『教育学』では、教育がたんなる技術ではなく、学問となるべきであるというカントの見解が示され、次のように述べられている。

> この技術〔教育手法〕の起源と発展は、計画なしに与えられた状況にしたがって変化する機械論的（mechanisch）なものか、あるいは思慮的（judiciös）なもののいずれかである。（IX 447 強調は原文のもの）

カントはこの引用文の直後に、機械論的な教育技術は無計画なものであり、任意の目的に応じた相対的なものとなるため、きわめて多くの欠陥があると消極的に評価している。そして、人間性の発展という使命のためには「教育技術あるいは教育論（Pädagogik）は思慮的（judiciös）でなければならない」（ibid.）と主張する。[21] この「思慮的（judiciös）」という言葉の意味を理解することで、カントの真意をよりはっきりと捉えることができる。この言葉の語源はラテン語の“judicium”であり、「法廷・判決・判断力」を意味している。“judiciös”は、理想社版『カント全集』の翻訳では「思慮的」と訳されており、岩波版『カント全集』では「判断力に基づいて反省された〔目的論的な〕」というかなり踏み込んだ訳が施されている。カントのこの箇所に関する語源的な研究はすでに国内でも行われているが、[22]“judiciös”の意味の解釈に迫るために、カントのこの箇所（ibid.）での言葉使いに注目してみたい。

まず、カントは「教育の技術（Erziehungskunst）」と「教育論（Pädagogik）」は「judiciös」にならなければならないと主張する。また「教育論（Pädagogik）」は、一つの「研究（Studium）」とならなくてはならず、そうでないと教育論には何も期待できない……」と述べる。そして最後に、教育の技法が一つの連関を有した試みとなり、世代間で継承されるために「教育技術における機械論は学へと転換されねばならない（Der Mechanismus in der Erziehungskunst muß in Wissenschaft verwandelt werden）」(ibid.) と主張する。[23] 注目すべきは、カントが教育における機械論を退けた上で、教育論をあらためて「学（Wissenschaft）」と位置づけようとしている点である。

カントにとって「学」とは、経験の寄せ集めや任意の有用性のために成立するものではなく、理念のもとでの体系的認識を意味していた。これを教育論に置き換えてみるならば、理念の見通しもないまま、任意の目的や有用性を目指している場当たり的な教育技法が「機械論」であり、その手法を一つの研究として反省しつつ、体系づける営みが「思慮的（judiciös）」と言われていると理解できる。

したがってカントは、教育論がたとえ、未だ技術の寄せ集めにすぎないものであろうと、本来はそれを体系的な「学」となるべきものと見なしていたと理解できる。つまり、カントは教育論を、現状としてはまだ学問ではないが、学問となるべきものと見なしていたのである。

第二の特徴は、カントが教育論を実践哲学の方法論として位置づけている点にある。カントは一貫して、教育論を自身の批判哲学体系における方法論として位置づけようとしている。『人倫の形而上学の基礎づけ』では、教育論と道徳の形而上学との関係について、次のように述べられる。

あらゆる道徳は、人間に適用（Anwendung）されるためには人間学を必要とするが、まず初めは人間学から独立に、純粋な哲学、形而上学として完璧に提示されなければならない。（IV 412 強調は引用者による）

このカントの言明に、批判哲学の体系における教育論の位置づけを見出すことができる。すなわち、最初に純粋な道徳形而上学が提示され、次にそれを「適用するため」の人間学が必要と語られている。ここで「人間学」と呼ばれているものは、実質的には人間についての経験的な知識を含む教育論と理解できるだろう。

さらに、教育論のこのような位置づけは『実践理性批判』でも一貫している。『実践理性批判』は「原理論（Elementarlehre）」と「方法論（Methodenlehre）」という二つの区分から構成される。『実践理性批判』の論述の大半は「原理論」に割かれており、「方法論」の分量は「原理論」の約一〇分の一に過ぎない。[24] そして、この「方法論」がカントの道徳教育論に該当する。なぜなら「方法論」では、「原理論」で基礎づけられた実践理性の法則を「いかにして人間の心へと導き入れるか」という課題が論じられているからである。したがって『実践理性批判』では、教育論は「原理／本質（Element）」に対する「方法」として位置づけられていると解釈できる。

筆者が見るところ、『人倫の形而上学の基礎づけ』と『実践理性批判』で示されている教育論の位置づけも同一である。いずれの著作でも、最初にあらゆる理性的存在者に妥当する道徳の哲学、形而上学が求められる。そしてその後に、その道徳を適用するための学問として教育論が位置づけられている。教育論は批判哲学の体系内では、カント自身の道徳形而上学によって究明された道徳的諸原理の適用のための方法として位置づけられているのだ。

さらに、このようなカントの実践哲学体系内における「教育論」の位置づけは、『人倫の形而上学の基礎づけ』

から『実践理性批判』、そして最晩年の著作『人倫の形而上学』に至るまで一貫している。[25] つまり、教育論は、体系的な学問となるべきものであり、自身の批判哲学の体系内において、道徳的原理を適用するための方法論として位置づけられているのである。したがって、『教育学』は、⑴の立場の解釈のように、カントの批判哲学と切り離されて理解されるべきものではない。むしろ、『教育学』はカントが批判哲学の成果として究明した道徳的諸原理を「適用する」ための人間学的な経験知を含んだ「学」として試みられたものであった。次に、上述の⑵の立場の解釈を取り上げ、その妥当性と限界について考察してゆく。

第6節　『教育学』と『宗教論』の接合解釈の妥当性と限界

上述の⑵の立場の大きな特徴は、『教育学』だけではカントの教育思想の全体像をつかむには不十分であると見なし、その補完を『宗教論』に求める点にある。ここでは、こうした解釈の立場を『教育学』と『宗教論』との接合解釈と呼びたい。本節では、この接合解釈の妥当性と限界について検討してゆこう。

まず、こうした接合解釈が『教育学』の不十分性の根拠として挙げるのが「道徳化」についてのカントの説明である。本章第4節でも指摘したように、『教育学』の成立の背景や編集上の問題によって、この書の論述内容は錯綜している。当然、「道徳化」についても状況は同様である。『教育学』の論述における「道徳化」の内容は、一見すると混乱して不統一な内容であるように見える。『教育学』の中で「道徳化」は「自然的教育について」の節だけでなく、「実践的教育について」の節にまでわたって複数の箇所で論じられる。しかも、それぞれの箇所でカントの論じ方は異なっている。[26] そこで⑵の立場の解釈者たちは「道徳化」の内容理解のために『宗教論』

の第一編の論述を補完的に援用することを試みる。彼らがこうした解釈を行う理由は、次の二点にまとめることができる。

第一に、『教育学』で述べられている段階的教育論が『宗教論』第一編の内容と一致していると考えられるからだ。『宗教論』第一編では、人間の善への素質の区分が語られており、『教育学』で述べられた段階的教育論と『宗教論』で示された人間の素質の区分が対応関係にあると考えられる。

第二に、『教育学』で十分に示されることがなかった「道徳化」の具体的な方法や内容の説明は、『宗教論』第一編の「一般的注解」で語られている「心術の革命（Revolution in der Gesinnung）」（VI 47）と対応していると考えられるからだ。上述の⑵の解釈者たちは、これら二つの理由に基づいて『教育学』と『宗教論』との密接不可分な関係を主張している。

だが、彼らの解釈はどこまで妥当なのだろうか。この疑問を解明するために、上記の第二の理由を詳細に検討してゆこう。『宗教論』第一編の「一般的注解」は「善への根源的素質が力を回復することについて」という表題で飾られており、人間が自らの本性に根づいた「悪への性癖」と「根源悪」からいかにして脱却し、善への素質へと復帰できるのかについて論じられている箇所である。[27]

カントは「根源悪」から善の原理へと人間が復帰することの可能性として、「心術の革命」を挙げる。「心術の革命」とは「すべての格率の道徳法則の純粋さを取り戻すこと」（VI 46）であって、慣習による漸次的改革ではない。むしろ、それは「揺るぎなき決断によって〔転倒された秩序を〕逆転させる」（VI 47f.）ことで起きる考え方の革命であり、「一種の再生」（VI 47）と呼ばれる。

⑵の立場の解釈者の多くは、「心術の革命」こそが『教育学』で論じられた「道徳化」の内容であると解釈し

ている。彼らの論拠はカントが別の箇所で道徳的性格の確立、すなわち「道徳化」を「革命」と呼び換えていることにある。

すなわち、『教育学』では、「道徳教育において最初に努力することは性格（Charakter）の確立である」（IX 481）と明言される。読者には、それに続けて「道徳化」の内容について詳しい説明が期待されるところであるが、実際には体系的に説明されていない。この箇所では、ただ「性格の確立」のためのいくつかの要素が述べられているだけである。他方、カントは『人間学』の第三部で「性格」についての詳しい論述を行っている。この箇所には、カントの「性格論」の体系的叙述がみられる。そこでは、道徳的な性格の確立が「ある種の再生になぞらえる」ことができる「生まれ変わりの瞬間であり」、「この革命を三〇歳前に試みた人間は恐らくごく少数にすぎないであろうし、四〇歳以前に確立し終えた人はさらに少数であろう」（VII 294）と論じられている。

『宗教論』に「道徳化」の具体的な内容を求める(2)の立場の論者たちは、この箇所に依拠して『教育学』と『宗教論』の接合解釈を試みてきた。つまり、彼らは『人間学』での「革命」という言葉を手がかりに、『宗教論』の「心術の革命」と結びつけてカントの道徳教育論を解釈する。[28]

しかし、このような接合解釈には問題がある。筆者が見るところ、カントは「心術の革命」をあくまで「恩寵」として、その実現の可能性を信仰の事柄に属するものと考えているからである。実際、カントは、「心術の革命」について論じた『宗教論』第一編の「一般的注解」に「恩寵の作用について」（VI 52）という表題を付している。カントは「恩寵の作用」について、その可能性や現実性を否定しないが、理性がこの恩寵の理念を格率に採用することを固く禁じている。したがって、あらかじめ恩寵である「心術の革命」を前提して、格率として採用することは認めることはできない。[29]

筆者の解釈では、理性が道徳的義務に従うことを命じている以上、「心術の革命」の可能性と「心術の革命」へ向けた永続的な努力を考えることは可能であり、その実現も要求される。しかしカントは、道徳的な努力の結果、必然的に「心術の革命」が起こるということを認めていないのである。カントはこのことを「自己改善」という義務に対する理性の態度を引き合いに出しながら、次のように説明している。

より善い人間になるためには誰もが力の限りを尽くさなくてはならない。そしてその人が自分の生得的な才能を埋もれさせなかった場合にだけ、つまりより善い人間になろうと善へのもともとの素質を活用してきた場合にだけ、能力の及ばないことはいっそう高次の協力によって補われるだろうと、その人は希望してもよいということになる。(ibid.)

注意すべきことは、「力の限りを尽くさなくてはならない」という義務が最初に置かれている点だろう。その上ではじめて「能力の及ばないことはいっそう高次の協力によって補われるだろう」という希望が開かれるとされているのだ。また、この箇所で「補われるだろう」と言われていることの内容は、この引用文が「自己改善という要求」という文脈で語られている以上、自らの本性に根づいた「悪への性癖」が克服されることであり、「心術の革命」であると考えられる。つまり、「心術の革命」の可能性とその実現に向けた努力は、確かに純粋理性の限界内で考えられることである。だが、その努力の結果として「心術の革命」が起こることは「恩寵」であり、理性の限界外のことだとされているのだ。

したがって、こうした理性の限界外に置かれる「恩寵」である「心術の革命[30]」を教育論として読み込むことは不適切である。そればかりか、こうした接合解釈は、「宗教」と「教育」の分離に腐心し、「教育論」を学たらしめようとしていたカントの意図から外れることになる。『教育学』の「道徳化」と『宗教論』での「心術の革命」には、明らかに大きな相違がある。「道徳化」と「心術の革命」を重ねる解釈は、カント自身の「教育論」に対する姿勢をかえって不鮮明にしてしまう危険性がある。

以上、⑴および⑵の立場の解釈の問題点を考察してきた。さらに、「隠されたアンチノミー」という本書の課題に引きつけるならば、⑴および⑵の立場の解釈は、カントによる「文化」の両義的評価を把握できず、片方の側から捉えている点では共通しているのだ。⑴の立場とは、『教育学』と批判期思想の齟齬を強調し、結果として、「道徳化」に固有の意義を認めない。言い換えれば、⑴の立場は、教育および「文化」が道徳への「移行」として機能することを顧慮しないのであり、『教育学』における段階的教育論は「自由と強制とのアンチノミー」を抱えた不整合なものと見なす。こうした見方は道徳と教育および「文化」の異質性を強調する点で、前章で考察した文化の「人間学的規定」に基づいていると言えるだろう。

⑵の立場は、「道徳化」の内容を「心術の革命」と見なし、「道徳化」にとって「文化」を必要不可欠なものと考え、段階的教育論を整合的なものと捉えようとしている。つまり、⑵の立場は、教育および「文化」が道徳への「移行」として機能することを積極的に評価する。こうした見方は、前章で考察した文化の「道徳目的論的規定」に基づいていると言えるだろう。

以上の考察から明らかなように、カントの教育思想の中にも、文化の「人間学的規定」と「道徳目的論的規定」の二つの立場が混在しており、この二つの立場によって、「自由と強制とのアンチノミー」が生まれていると理解することができる。重要なことは、どちらか一方の解釈の立場が誤っているのではなく、どちらの立場もカント教育論の解釈として成立するのであり、カント自身の立場と理解することが可能、ということだ。そして、「自由と強制とのアンチノミー」もまた、この二つの立場によって現れており、解釈上のさまざまな混乱を引き起こしているのである。

第7節 「自由と強制とのアンチノミー」の解決

前節までの考察の成果を踏まえて、第7節では、「自由と強制とのアンチノミー」の解決を試みる。そもそも「自由と強制とのアンチノミー」とは、本章第2節で明らかにしたように、次のような二つの命題からなるアンチノミーであった。

定立　：教育において、「道徳化」のために何らかの強制は必要不可欠である。というのも、強制がなければ道徳化の基盤である訓練、文化、文明化は成り立たないからである。

反定立：教育において、「道徳化」のために強制はあってはならない。というのも、「道徳化」とは実践理性の自由に基づいて格率を据えることであるから、強制や訓練に基づくならば、それは「自由」な行為ではなくなってしまう。

結論から言えば、この「自由と強制とのアンチノミー」の解決の可能性は、カントの道徳教育論における三つのステップおよび「理性の開化（Kultur der Vernunft）」という概念に見出すことができる。後述するように、カントの道徳教育論によれば、「道徳化」のために強制されることは「自分で考える」という態度であり、理性はこの態度へと強制されることで、自らの自由を獲得するのである。

　以上の結論を明らかにするために、本節では、『教育学』と『人倫の形而上学』で展開されているカントの道徳教育論をさらに立ち入って考察する。そして、両著作における道徳教育論の特徴と構造を明らかにすることによって、カントの道徳教育論に認められる「自由と強制とのアンチノミー」の解決のための方向性を明らかにしてゆく。

　カントは、道徳教育のために第一に努力すべきことは、「性格を確立すること（einen Charakter zu gründen）」（IX 481）であると主張している。[31] 具体的にカントの『教育学』の論述を見てゆきたい。カントは「性格を確立する」ことは「行為に際して一定の規則、格率を遵守することを意味する」（ibid.）と続けている。ただし、まだそこで守られるべき格率が主観的なものであるのか、あるいは何らかの外的規則であるのかは問われていない。さらに性格を確立するためには、何よりも「従順さ（Gehorsam）」が必要であると強調されている。重要な論点は、カントがこの箇所で、性格の確立のための「従順さ」を二種類に区分していることである。第一の「従順さ」は、「指導者の絶対的意志に対する従順さ」である。第二の「従順さ」は、「指導者の理性的で、かつ善であると認められた意志に対する従順さ（ein Gehorsam gegen den für vernünftig und gut erkannten Willen eines Führers）」（IX 481 強調は原文のもの）である。

　カントは「従順さ」を二つに区別したうえで、後者の「従順さ」の意義を強調している。後者の「従順さ」は、「自発的な従順さ（der freiwillige Gehorsam）」（IX 481f.）と言い換えており、きわめて重要なものである。[32] この箇所はこれまでの研究史では、十分に触れられてこなかった。しかし、「自発的な従順さ」について、カントがわざわざ強調して説明していることに注目すべきである。なぜなら、この「自発的な従順さ」こそが、「個人の教育」に関する「自由と強制とのアンチノミー」の解決の鍵となる概念だからだ。

普通に考えて、カントが「自発的な従順さ」に与えた「指導者の理性的で、かつ善であると認められた意志に対する従順さ」という説明は、奇妙な表現と言える。「教育」とは一般的に、教える側から教えられる側へという方向で行われるはずだ。だが、ここで「道徳化」に必要とされる「従順さ」は、教えられる側から教える側へという方向で論じられている。つまり、「道徳化」の場面では、教えられる側から指導者を「理性的で善である」と評価することが必要とされているのだ。

筆者の考えでは、ここで「自発的な従順さ」と呼ばれているものは、「従順さ」と言われているものの、実際には、道徳的な事柄に関しては、教えられる側が「自分で考え、自分で判断すること」を意味している。「自発的な従順さ」を実行するためには、他者の言葉を聴き、その上で道徳的な事柄に関して自分で考え、判断することが不可欠なのだ。つまり、カントにとって「自分で考える」という態度は「他者の声を聴きつつ」という態度と不可分なのである。この二重の態度を、カントの教育思想に含まれている「対話的態度」と呼ぶことができるだろう。

カントは、自分で考え、自分で判断することの重要性を次のように強調している。

> とりわけ重要なのは、子どもが考えることを学ぶことである。〔自分で〕[33]考えることとは、あらゆる行為が由来する原理を志向している。(IX 450)

カントは「自分で考える（Selbstdenken）」という態度を「道徳化」のための根本的な格率と見なしている。というのも、カントにとって道徳的原理の認識は、誰かによって教えられ、特殊な教育的技術を必要とするものではなく、誰にとっても普遍的なものであり、明確化されることが必要なだけだからだ。[34] したがって、「自発的な従順さ」を身につけるとは、まず「自分で考える」という態度を根本的な格率とし、それによって道徳的原理を認識することと、教師の述べる事柄をその原理に基づいて判断するという道徳的判断力の鍛錬を意味している。

ここまでの議論をまとめれば、カントが『教育学』で、「道徳化」のために必要だと論じているステップは三つある。第一に、「格率に従って行為する習慣」を獲得することである。第二に、「自分で考える」ことによって、内なる道徳法則を自覚化することである。そして第三に、教師の述べる事柄が、道徳的原理に適っているかどうかを批判的に思考し、道徳的判断力を鍛錬することである。[35] そして、この三つのステップに基づいた道徳教育論は、「自由と強制とのアンチノミー」の解決の可能性を示していると考えられる。なぜなら、この三つのステップに基づく教育によって強制されている内容はいずれも、「自分で考える」ことだからである。この強制は、「自分で考える」という営みを為すことを強制するのであって、考える事柄や内容を束縛しているのではない。むしろ、そこで考える事柄や内容は、教えられる事柄の普遍化可能性と教師に対する批判的な思考にあり、それによって子どもの自由が発現することになるからである。

さらに『人倫の形而上学』で展開されている道徳教育論もまた、この三つのステップに基づいていると解釈することができる。両著作で展開されている道徳教育論は、ともに「自分で考える」ことを道徳教育の根本的な格率とする点で共通している。

『人倫の形而上学』における道徳教育論は、「倫理学的方法論」で述べられている。カントはそこで、道徳教育のための方法が「道徳的カテキズム（moralischer Katechism）」であると述べ、「道徳的カテキズム」を「独断的教育法（dogmatische Lehrart）」（教師一人が語る）と、「対話的教育法（dialogische Lehrart）」（教師と生徒双方が問い、かつ答える）から区別する。「道徳的カテキズム」[36]は、教師だけが問い、かつ答えるという形式をとる。一見すると、「道徳的カテキズム」は、生徒の自由な発言を認めない誘導尋問のようにも見える。だが、道徳的カテキズムは「自分で考える」ことを要求するという点に最大の特徴がある。そのことを端的に示しているのは、『人倫の形而上学』の中の次の一節である。

教師：さて、君が幸福でありながら、しかも幸福に値するようになるためには、君はどうしたらよいのか、このことを知るための規則や教示は、ただ君の理性のうちにだけある。ということはすなわち、こうした君の行動の規則を経験や他人の指導から学習する必要はないということである。

（VI 481）

ここでカントが強調しているように「道徳的カテキズム」の本質は、対話によって知るべき答えや原理が、自らの理性のうちにあるという点にある。「道徳的カテキズム」の目的とは、対話を介して子どもに「自分で考えること」を促し、子どもが自らのうちにある道徳的原理に気づくことである。実際、カントは、「道徳的カテキズム」の結果として、子どもは「最大の驚嘆をもって」（VI 483）自らの内なる人倫的諸法則に出会い、観察することになると述べる。

もちろん、こうした「道徳的カテキズム」には限界がある。「道徳的カテキズム」の本質が「自分で考える」

ことによって、自身に内在する道徳的原理を自覚化することであろうとも、「道徳的カテキズム」は、もともとの「カテキズム（問答）」という定義上、教師の方から一方的に問うものであり、子どもの側は答えるだけのものである。要するに、それは子どもの側から教師の「理性的で、かつ善であると認められた意志」を判断するという「自発的な従順さ」を育むことにはならない。したがって「道徳的カテキズム」だけでは、「道徳化」のための十分な教育とは言えない。

しかし、カントは「道徳的カテキズム」だけを「道徳化」のための唯一の方途と見なしていたわけではない。カントは「道徳的カテキズム」を道徳教育の「最初の手段」（VI 478）であり、「徳の義務の基本教説」（VI 479）であると述べている。そして、「対話的教育法」については、徳を教えるための理説としての方法として、誰かが他人の理性に何かを問いただそうとする場合は、「対話的に行う以外には、すなわち、教師と学生のそれぞれが相互的に問いかつ答えるという以外には、なされえない」（VI 478）と述べ、「対話的教育法」も積極的に評価しているのである。筆者の解釈では、カントの道徳教育論は「道徳的カテキズム」と、教師と生徒が相互に問い、かつ答える「対話的教育法」との二段構えで構築されている。カントにとって、「道徳的カテキズム」と「対話的教育法」は、ともに「道徳化」のための教育方法である。「道徳的カテキズム」の目標は、「自分で考える」ことに基づく道徳的原理の自覚化であり、それに対して「対話的教育法」の目標は、道徳的判断力の鍛錬なのだ。

ところで、カントは、「対話的教育法」の特徴として、「対話的教育法」では、教師自身が子どもにどのように問うかを学ぶことになるという点を挙げている。そして、その理由として「規定的判断のための規則だけでなく、それにより人が思想に至る予備的判断（iudicia praevia）のための規則を示すことは、論理学に委ねられた要求ではあるが、まだ十分には考慮されていないからである」（VI 478）と説明している。

この一節には、「対話的教育方法」の特徴が示されている。『判断力批判』で示された規定的判断力と反省的判断力の区別[37]に従えば、道徳的判断は普遍的な道徳的原理に包摂する判断であり、規定的判断力に属する。だが、上述の引用で説明された対話的教育方法は、規定的判断力に基づいて行われるものではない。なぜなら、そこで必要になるのは「規定的判断のための規則」ではないからである。「人が思想に至るための予備的判断」とは、教師自身が対話の中で反省的判断力に基づいて、どのように問いかつ答えるのかを探求し模索することであると考えられる[38]。そして、こうした「対話的教育方法」の中で行われる反省的判断力の鍛錬は、教師の側だけでなく、教えられる側でも行われていると理解することができる。なぜなら、教師が「対話的教育法」の中で問い、試行錯誤する際には、教えられる側もそのつど、その問いを批判的に吟味することになるからである。実際、カントは、「対話では教師も生徒もなく、教師は思想の共同体（in commercio der Gedanken）のうちにある」（XVI 808）とも語っている[39]。

これまでの考察をまとめるならば、『人倫の形而上学』で示されている道徳教育論も三つのステップで構成されていると解釈できる。第一のステップである「格率に従って行為する習慣の獲得」は、すでに前提とされている。なぜなら、この第一のステップは道徳教育を行うための準備であり、厳密には、道徳教育以前の教育段階に属すると考えられるからだ。第二のステップは「自分で考える」ことによる道徳法則の自覚化であった。これは、『人倫の形而上学』では「道徳的カテキズム」によって行われていた。第三のステップは、教師の述べる事柄を吟味することによる道徳的判断力の鍛錬であった。これは『人倫の形而上学』では、対話的教育法によって行われることであった。

カントはこれら三つのステップに基づく内なる人倫的諸法則の発見と、道徳的判断力の陶冶を「理性の開化

(Kultur der Vernunft)」(VI 484)[40] と呼んでいる。つまり、「理性の開化」こそが「自由と強制とのアンチノミー」の解決の可能性と言える。なぜなら、三つのステップで強制されることは、「自分で考えること」であり、これによって子どもが自身の道徳的原理を自覚化し、かつ道徳的判断力を鍛錬し、自由の主体へと成長することになるからである。[41]

カントは、「道徳化」における「強制」の意味を変更することによって「自由と強制とのアンチノミー」の解決を試みているのだ。すなわち、「道徳化」以前の段階では、「強制」は、人間の粗暴さや粗野を抑制する訓練や何らかの技術や礼儀正しさを身につけるための型として捉えられていた。しかし、「道徳化」の段階では、「強制」とはそれ以前の段階とは異なり、「自分で考える」という思考の自由が強制されることになる。「自由と強制とのアンチノミー」は、道徳教育が「自分で考えること」に基づく「理性の開化」という性質を帯びるならば、解決が可能なのである。

すでに筆者は、本章第5節でカントが当時の時代状況の中で、教育に関する知識や技術は将来的に「学」となるべきだと考えていたことを明らかにした。この解釈が誤りでなければ、カントが「自由と強制とのアンチノミー」の解決として示した道徳教育論および「理性の開化」は、未来の「教育学」に向けたカントの提案であったと解釈することもできる。つまり、「自分で考えること」、「自発的な従順さ」を柱とする「理性の開化」は「自由と強制とのアンチノミー」を解決するための教育の条件であり、「道徳的カテキズム」、「対話的教育法」は「自由と強制とのアンチノミー」を解決するための教育方法の実例として解釈できる。

第8節　教育におけるもう一つの「隠されたアンチノミー」

前節までで、教育における「隠されたアンチノミー」とその解決について考察してきた。この第8節では、『教育学』に「個人の教育」と「人類の教育」という二重の観点が存在しており、それぞれの観点から教育に関する「隠されたアンチノミー」とその解決が可能であることを明らかにする。ここで、あらかじめ議論の方向を示しておきたい。

筆者の解釈では、カントの教育思想は「個人の教育」と「人類の教育」という二重の観点から考えられている。「個人の教育」の観点とは、その名の通り、個人の教育に関する観点である。つまり、一人の人間の諸素質を発達させ、自由な主体とするための教育方法や教育のあり方を論じる観点である。それに対して「人類の教育」の観点とは、歴史の中での教育の役割やあり方を考察する歴史哲学的観点である。例えば、『教育学』の「序論」では、教育の目的は人間の「あらゆる自然的素質の発展」(IX 445) にあると述べられる。カントはその上で、この目的が「個人ではなく、人類によって」(ibid.) 達成されると見なすべきだと主張し、歴史哲学的観点から教育の役割を考察している。

筆者が見るところ、カントはしばしば、この二つの観点を交替させて論じている。カントは教育の目的である「人間性の完成」は、個人のレベルでは達成できないと論じる。しかし、だからといって個人の教育の可能性を否定しているわけではない。そうではなくて、ここでは教育を語る視点が「個人の教育」から「人類の教育」へと交替しているのだ。

ところで、カントの教育思想の中で「個人の教育」と「人類の教育」は、どのように関係づけられているのだろうか。両者の関係は明示的には説明されていないが、次のようにまとめることができる。すなわち、「個人の教育」「人類の教育」はともに「教育」を異なる観点から考察したものに他ならない。したがって本質的には、それぞれの教育の目的やその目的に伴う課題も共通している。ただし、両者は異なる観点に依拠しているため、教育の目的と課題が、それぞれ異なる角度から現れてくることになる。具体的に指摘すれば、『教育学』の「序論（Einleitung）」では、「人類の教育」の観点からの論述が行われ、「本論（Abhandlung）」では、「個人の教育」の観点からの論述が行われている。

カントにとって、教育の目的とは「個人の教育」の観点から見れば、個人の諸素質の発展であり、自由な主体へと育成することである。また「人類の教育」の観点から見れば、人類全体が諸素質を展開し、道徳的使命を達成することである。両者は、同じ目的を異なる角度から見ているにすぎない。だからこそ、段階的教育論による個人の教育段階と、歴史哲学的観点からの人間性の発展段階（VII 324f., IX 451）は、同じ「文化－文明化－道徳化」という言葉によって論じられているのだ。したがって、教育に伴う不可避のアンチノミーについても、「個人の教育」に関するアンチノミーと「人類の教育」に関するアンチノミーの二つが存在する。

すでに本章第3節で考察したように、カントの教育思想におけるアンチノミーは、もっぱら一人の人間の「道徳化」を試みる際に生じる「自由と強制とのアンチノミー」として理解されてきた。つまり、これまでの先行研究の諸説では、カントの教育思想におけるアンチノミーの問題は、主として「個人の教育」に関するアンチノミーとしてのみ解釈されてきたのである。そして、本章のこれまでの論述では、「個人の教育」に関するアンチノミーを「自由と強制とのアンチノミー」として定式化し、その解決についても考察してきた。したがって、次節以降では、「人類の教育」の観点からの「隠されたアンチノミー」について論じてゆく。

第9節　「人類の教育」に対する二重の障害とハーマンによる批判

前節では、「個人の教育」に関する「自由と強制とのアンチノミー」の解決の可能性として、カントの「理性の開化」という概念を解明してきた。しかし、「人類の教育」に関するアンチノミーの解決可能性という課題がまだ残っている。「人類の教育」に関するアンチノミーを明らかにするために、この第9節では、「人類の教育」に関して、カントが見出していた困難を考察してゆく。

カントが「人類の教育」の観点から教育を論じる場合、異なる二つの立場から発言している。一方でカントは、教育がその目的を果たすためには、歴史の中で継承される必要があると主張している。

> 教育はひとつの技術〔＝人為〕であるが、この技術は幾多の世代を通じて完全に遂行されねばならない。各々の世代は、前の世代の知見を受け継いでいるので、あらゆる自然素質を調和的かつ合目的的に発展させ、それによって全人類をその使命へと導くような教育を次第に実現することができるのである。（IX 446）

この見方は、本書が強調してきた文化の「道徳目的論的規定」に基づいている。「道徳目的論的規定」では、文化は道徳を準備するものと捉えられる。したがって、ここでは教育という文化が、教育の目的である「人間性の完成」のために歴史の中で完成され、適切な媒体となると考えられている。しかし他方では、カントは歴史の中で教育の継承が困難であることを次のように強調している。

> 教育とは最大の課題であり、最も困難な課題に他ならない。なぜなら、見識は教育に依存すると同時に、教育もまた見識に依存しているからである。それゆえ、教育は一歩ずつ前進するほかなく、しかもある世代がその経験と知識を次の世代に伝え、さらにそのあとの世代へと委ねるという仕方でしか、教育方法に関する正しい概念は獲得できない。
>
> （ibid.）

教育の技術や教育論は、完全に確立したものではないので、教育の経験と知識は継承するしかないと見なされ、この点に教育の困難さがあると考えられている。それでは、なぜこうした教育の継承が困難となるのだろうか。筆者の解釈では、カントは、『思考の方向を定めるとはどういうことか』の最後の部分でこの困難の原因を指摘している。

> それゆえ、啓蒙を教育によって、個々の主観のうち（in einzelnen Subjekten）に根づかせることは非常に容易である。〔中略〕ところが、ある時代（Ein Zeitalter）を啓蒙するには非常に時間がかかる。というのも、そのような教育方法をある時は禁じたり、困難にしたりする多くの外的な障害が存在するからである。
>
> （VIII 147　強調は原文のもの）

ここでは、教育を妨げる外的な障害が存在すると指摘されている。カントが考えている教育を妨げる障害には、外的障害と内的障害との二つの困難がある。外的障害とは、教育を実行し継承する国家や教会および諸制度による教育の私的な掌握である。教育の本来の目的と、歴史の中で教育を実行・継承する者の目的とは、しばしば異なる。教育の本来の目的ではなく、後者の目的が優先されることが教育を妨げる外的障害である。

内的障害については『啓蒙とは何か』で論じられている。『啓蒙とは何か』の有名な定義によれば、啓蒙とは人間が「他人の指導なしに、自分の悟性を用いる能力がない」（VIII 35）状態としての「未成熟状態」から抜け出ることである。そして、こうした未成熟状態からの脱却は、「自分の悟性を用いる勇気を持つこと」つまり、「自分で考えること」で果たされる。

啓蒙の定義を「自らに責任ある未成熟状態からの脱出」（VIII 35）としたカントの定義についての厳しい批判は、すでにカントの同時代人であり、親しい友人であるハーマンも抱いていた。[42] ハーマンは一七八四年一二月一八日付のクラウス宛書簡の中で、カントが啓蒙の定義としてあげた一節に対して、辛辣な批判を次のように述べている。

> 私が、根本的な誤謬（*proton pseudos*）と見なすのは、この呪われた形容詞《自らに責任ある selbst verschuldet》にあります。〔中略〕責任は後見人にあるのであり、未成熟者にあるのではありません。[43]

ハーマンの批判の眼目は「未成熟状態」の前につけられた「自らに責任ある」という「呪われた（vermaledeten）」形容詞にある。カントはあえてこの「自らに責任ある」という形容詞を未成熟者の前につけることで、「啓蒙」が歴史的・社会的運動ではなく、個人の主体的契機（自分で考えること）によって行われるものであることを強調した。しかし、こうしたカント的啓蒙は、ハーマンにとっては、未成熟の責任を未成熟者各人へと押しつけることであり、未成熟の真の原因を隠蔽する態度と映ったのである。

カントによれば、未成熟状態にある責任は、未成熟状態にある当人の怠惰と、その当人が自分の悟性を使用する勇気が欠如している点にある（VIII 35）。それゆえ、「あえて賢くあること」「自らの悟性を使用する勇気を持つ」という主体的な契機によって、未成熟状態からの脱出が図られることになる。しかし、ハーマンは未成熟状態の責任は当人にではなく、「後見人（Vormund）」にこそあると批判する。未成熟状態の責任は、啓蒙の名前を語りつつ、実際は服従を要求する民衆の後見人、啓蒙君主フリードリヒ二世にある。したがって、ハーマンによれば、「責任ある（verschuldet）」という形容詞は、「未成熟状態」の前ではなく、「後見人」の前にこそつけられるべきなのだ(44)。

『啓蒙とは何か』で、カントは「理性の公的使用」と「私的使用」の区別を行なっている。すなわち、一人の徴税人が自らの立場、地位に基づいて行う理性の使用を「私的使用」とし、他方で一人の世界市民として、全公衆を前にして理性を使用し、考え、意見を表明することを「理性の公的使用」とし、後者こそが啓蒙の実現のために要求されると述べる（VIII 36f.）。だが、カントのこうした「理性の公的使用」と「私的使用」の区別に対し、ハーマンは「家の中で奴隷の仕事着を着ているならば、〔自由という〕公的な礼服に何の意味があるのだろうか(45)」と、痛烈な批判を浴びせているのだ。

つまり、ハーマンにとって、カント的啓蒙、すなわち「自分で考える」という主体的契機に基づく啓蒙は、一方では自立した主体の確立を要求することでもあるが、他方ではそれは欺瞞であり、未成熟の真の責任である後見人への告発の回避と不可避的に結びついていることを意味しているのである。

筆者が見る限り、ハーマンのこの指摘は、理性の自立性を高らかに謳う啓蒙思想の背後に、高圧的な後見人からの監視と支配という制約が潜んでいることを鋭く突いている。それではハーマンは、どのようにこの「未成熟」の問題の解決を考えているのだろうか。引き続きハーマンの同じ書簡の中の言明を考察してみたい。ハーマンは、次のように述べている。

真の啓蒙とは、未成熟状態にあるものが、自らに最も責任がある後見人から脱出することにある。[46]

ハーマンによれば、こうした後見からの脱出は、「自らの悟性を使用すること」ではなく、真の信仰に立つこと[47]、神に対する畏れを抱き、後見人に対してはいっそう勇気を持ち、未成熟な兄弟たちにはいっそう慈悲深くなることによって行われると考えられている。そしてハーマンは、未成熟状態にあるものに対し、「自らの悟性を使用せよ」と奨めるカント的啓蒙を「怠惰な悟性に対する啓蒙もなく、臆病な意思に対する温かみも欠けている無慈悲な北極光である」[48]と切り捨てている。

筆者の解釈によれば、ここに見られるのは、未成熟状態にある者に対し、その責任と成熟への方途を、「その責任がある」未成熟者へと丸投げするカント的啓蒙に対するハーマンの強い批判である。同時に、それとは対照的に「最高に責任ある」後見人と戦いつつ、未成熟者に寄り添い、その怠惰を受け容れ、その未成熟者の声を聴き入れ同伴してゆくハーマン的啓蒙のモデルである。

ハーマンは、『純粋理性批判』に対して「理性の純粋主義へのメタ批判 Metakritik über den Purismus der Vernunft」を標榜し、常にカントの理性主義を批判し続けてきた。ハーマンにとって、カントの理性批判の問題とは、

「純粋主義（Purismus）」にある。ハーマンにとっては、カントの批判主義の立場は、一切の伝承や経験から離れ、あらゆる事柄を理性の法廷によって理性の権威に服させる権威的な理性主義であった。それに対し、ハーマン自身は、理性は究極の基準ではなく、むしろ「言語」こそが、理性の唯一の機関であり基準であり、「言語」が理性を生み出すというロゴス神秘主義に立っていた。そのハーマンからすれば、「自分で考える」というカント的啓蒙はやはり権威的な理性主義の態度として映ったのであり、むしろ未成熟者の言語（声）を聴き、普遍的な啓蒙ではなく、個別者に寄り添って対話してゆくということを、批判主義を超えた「メタ批判者」の立場として示したと理解することができる。ここで示された理性の純粋主義に対するオルタナティブをめぐる論争は、今日もなお継続した問題であると言えよう。(49)

第10節　「人類の教育」に関するアンチノミーとその解決

こうしたハーマンの批判に対し、カントの立場から何が言えるのだろうか。「人類の教育」の問題に引きつけて見るならば、ハーマンの批判は、教育の継承を困難にしている原因についてのカントの見立ての不十分さ（ハーマンにとっては、不誠実さでもあるだろう）を指摘している。なぜなら、カントが内的障害としてあげた「自らに責任ある未成熟状態」は、外的障害である後見人の問題と別ではないからだ。

しかし、筆者が見るところ、カントもまた内的障害と外的障害は密接に結びついていると考えていたと思われる。例えば、カントは啓蒙を困難にする原因として、人間の「怠惰と怯懦」を挙げる。この「怠惰と怯懦」ゆえに、人間は「私の代わりに悟性を備えた書物や、私の代わりに良心を持った牧師、私の代わりに食事療法を判断してくれる医師」（ibid.）に依存し、自ら「未成熟状態」に留まろうとしてしまうのである。この人間の内なる「怠惰と怯懦」が、啓蒙および教育を困難にする内的障害である。

教育および啓蒙を困難にする外的障害は、もっぱら「人類」の観点から論じられていた。それに対し、内的障害は「怠惰と怯懦」とされており、一見すると、「個人」の観点から論じられているように見える。しかし、実際は内的障害と外的障害は互いに共犯関係にある。なぜなら、人間は「怠惰と怯懦」により、教師やその時代の教育の主催者に依存しようとするのであり、彼らは、私的目的を優先しようとするからである。だから、正確にはこの二つの障害による共犯関係こそが、教育の継承を困難にする原因なのだ。つまり、カントの啓蒙および教育に関する議論には「個人」と「人類」という二つの視点が混在しているのであり、啓蒙と教育が抱える問題は相似している。(50)

以上の啓蒙および教育に関する障害の指摘は、文化の「人間学的規定」に基づいていると言えるだろう。文化の「人間学的規定」では、文化は道徳の立場からは批判されるべきものと捉えられる。したがって、ここでは教育という文化に付随する諸々の障害が、教育の目的である「人間性の完成」を阻害するものと考えられている。「人類の教育」の観点から見た場合、この矛盾は次のようなアンチノミーとして定式化できる。

定立　：「人類の教育」は可能である。なぜなら、教育の知識や経験等が世代ごとに改善されることで、教育はより完全なものになるからである。

反定立：「人類の教育」は不可能である。なぜなら、上述の外的障害や内的障害によって、教育の継承や実行は不可能だからである。

この「人類の教育」に関するアンチノミーもまた、文化に対する「道徳目的論的規定」と「人間学的規定」という相対立する見方の衝突に起因している。カントは「人類の教育」に関するこのアンチノミーを定式化してはいない。だが、「個人の教育」に関するアンチノミーの場合と同じく、カントはこのアンチノミーの存在に、ある程度自覚的であったと考えられる。なぜなら、カントは教育の持つ両義性を意識していたからである。カントは一方で、ある集団ないし人類を啓蒙するための手段として、教育を啓蒙のための積極的手段として捉えている。しかし他方では、教育を含むさまざまな制度が「自分の才能を誤用させる習慣化した道具」ないし人間の「未成熟状態を存続させる足枷（Fußschelle）」（VIII 36）ともなりうると主張し、否定的に捉えているのである。

それでは、「人類の教育」に関するアンチノミーの解決の可能性を、どのように示すことができるだろうか。筆者が見るところ、このアンチノミーの解決は、カントが教育に対して与えている「実験」の役割に見出すことができる。この点を考察するために、カント哲学体系内での「技術」と「教育」の関係を明らかにしておきたい。

カントは「統治」と並べて、「教育」が「最も困難と見なされうる技術（Technik）」（IX 446）であると述べている。だが、そもそもカント哲学の区分上、この「技術」はどこに位置すべきものだろうか。[51]「判断力批判への第一序論」では、カントはまず、批判と哲学とを区分し、さらに哲学を理論哲学と実践哲学とに区分していた。また実践哲学の定義に関連して、「技術」は厳密な意味での実践哲学には属さないと見なしていた。カントは、「諸法則のもとで自由を考察する諸命題のみが実践的」（XX 196）なのであって、「その他の命題はすべて諸物の本性に属するものに関する理論に他ならない」（ibid.）と主張する。「技術」は後者に位置づけられ、諸物の理論からの「たんなる帰結」（XX 200）にすぎないとされていた。

カントは、ここで実践の意味を「道徳的‐実践的」と「技術的‐実践的」の二つに区別している。カントにとって「技術」とは「技術的‐実践的」な意味で実践的なものであり、厳密な意味での実践哲学には属さない。カントは、さまざまな技術が実践哲学と区別された「自然の哲学の実践的部門」（XX 197）に属すると言い換えていた。それでは「教育」は、どのように位置づけられるのだろうか。上述のカントの言明に従うならば、やはり「教育」も「自然の哲学の実践的部門」の一つとして、理論哲学に属することになるだろう。だが、筆者の考察では、カントが「最も困難と見なされうる技術」と語る教育の位置づけは、明らかに動揺している。その証左として、カントが教育を「技術」と呼ぶと同時に、「実験（Experiment）」と表現していることに注目したい。

カントは、『教育学』で「教育」を「実験」と表現しており、『人倫の形而上学』でも再び、教育を「実験的手段」と呼んでいる（VI 479）。筆者の考察によれば、批判期のカントは「実験」という言葉を次の三つの意味で使用している。

まず、『純粋理性批判』の「第二版序文」で行われているコペルニクス的転回の立場を指して、「実験」という言葉を使用している。すなわち、超越論的演繹の議論の中で使用される、自身の方法論的立場を指す際の「純粋理性の実験」（B XXII）である。次に上述の「判断力批判への第一序論」で使われている「実験」である。この概念は、実践哲学とは区別されており、事物に関する理論的諸命題の応用としての「実験」である。最後に「教育」に関して使われる「実験」である。カントが教育を「実験」と表現する際に強調する点は、「実験」に伴う可謬性である。カントは、『教育学』で、教育と実験との関係を次のように説明している。

教育に実験は必要ではなく、ある事柄が善であるか否かはすでに理性に基づいて判断できるだろうと、一般的には考えられている。しかしながら、この思い込みには非常に大きな誤りがあり、我々が実験を行う際には、しばしば期待していたこととは正反対の結果が示されることを経験は教えてくれる。したがって、実験が重要であるわけだから、どの時代も完璧な教育計画を提示することはできない。（IX 451）

筆者の解釈では、この第三の意味での「実験」は、他の場合の意味とは明らかに異なっている。なぜなら、第二の意味での「実験」とは、理論的命題の応用であるから、自然科学的実験がそうであるように、答えや真理が存在することが前提されている。しかしカントは、第三の意味での「実験」は、どの時代も完全なものになることはないとみなしている。つまり「教育」という実験に関しては、究極的な答えや真理は存在せず、実験を永続的に試行錯誤することが必要であると考えているのだ。

そして、このように教育を「実験」と見なすことによって、カントは「人類の教育」に関するアンチノミーの解決の可能性を示唆していたと解釈することができる。教育を規定的な学問ではなく、実験的なものと見なすことで、このアンチノミーの解決は示されているのだ。

歴史の中で継承される教育の知識や技術、教育目的が規定的な言説となり、何らかの仕方で基準化されるならば、教育そのものが他律的なものとなり、上述の「人類の教育」に関するアンチノミーは不可避である。だが、教育に関する知識や技術、教育目的は実験的で仮説的なものであり、そこで見出される教育の目的や見解には、常に反省的な検証が必要とされる。そのように考えることによって、「人類の教育」に関するアンチノミーを解消することができる。なぜなら、この場合、反定立の立場が主張する「外的障害（教育を実行し、継承する国家や教会および諸制度による教育の私的な掌握)」もまた、反省的判断力による批判および検証にさらされ続け、さらに「内的障害(怠惰と怯懦)」についても、教育の継承および実行に携わる各人が、反省的判断力に基づいた批判や検証を自覚的に行うことによって解消されうるからである。

要するに、「人類の教育」に関するアンチノミーの解決の可能性は、教育を実験的で常に公開的な検証が必要なものと捉えることに見出すことができる。

このような「人類の教育」に関するアンチノミーの解決の可能性を通じて、カント教育思想の可謬主義的・実験的特徴が照らし出されている。つまり、カントが「自由と教育とのアンチノミー」の解決の実例として提示していた「道徳的カテキズム」や「対話的教育方法」もまた、一つの「実験」と解釈することができる。カントは「道徳的カテキズム」や「対話的教育方法」を「理性の開化」に至るための規定的な教育原理として提示していたわけではない。むしろ、これらは、可謬性を前提とした実験であり、そのつどの実験を経て、反省的に組み替え続ける一つの方法として提示していたと理解すべきなのである。カントにとって教育論とは、いまだ「学」ではない教育の技術を「学」たらしめるために、歴史的実践の場で実験しつつ反省する持続的な営みなのである。

本章を締めくくるにあたり、カントが重視した「実験としての教育」と「世界市民主義的な理念に基づく教育」との関係についても触れておこう。カントは『教育学』で「教育計画のための構想は世界市民主義的に立てられなければならない」(IX 448) と主張していた。ところが、「世界市民主義的な教育」が具体的に何を意味するかについては、カントは明確に説明していない。しかし、本章で示された教育に関する「隠されたアンチノミー」の解決の可能性は、カントの「世界市民主義的な教育」という構想の内実を浮き彫りにしている。「教育」が実験的なものであるとは、「世界市民的な教育」という理念に向かって教育の技法を追及し、反省的に継承し続けることを意味すると理解することができるだろう。そして、上述したように、教育を「実験」と見なすことは、教育を実行し、継承する国家や教会および諸制度による教育の私的な掌握に対して、反省的判断力による批判および検証を継続し続けることも意味する。さらに、そうした批判および検証のためには、「自分で考えること」はもちろんのこと、「他のあらゆる人の立場に立って考えること」すなわち、ある特定の個人やある特定の共同体にのみ通用するような「判断の主観的な個人的諸条件」(V 295) を乗り越えて、「普遍的な立場から自分自身の判断を反省すること」(ibid.) もまた必要になる。しかもその際、教育に関するあらゆる法や制度は、自由な公衆の批判に対して開かれたものになる。したがって、この意味でも「自分で考えること」は、カントの教育論にとって要石となるのである。

本節の結論を簡潔に言えば、カントの教育思想における「隠されたアンチノミー」とその解決が示していることは、教育の批判的継承という性格にある。「隠されたアンチノミー」とその解決は、たんに論理的な矛盾・対立の所在を探究し、その原因を究明することに尽きない。むしろ、教育は本質的に、そのつど、そのつど、内部から根本的に問い直されることによって、新たな制度化への可能性へと道が開けるのであり、将来にわたり批判的に継承されることが必要であるという、カント教育思想の核心を明らかにしているのである。

注

(1) 本章で筆者は、カントの著作名で使用された“Pädagogik”を『教育学』と訳し、著作だけでなく、他の著作の中にも認められるカントの教育思想を「教育思想」と表記する。なお、筆者は最新のカント全集版の日本語訳に従って“Pädagogik”を『教育学』と訳したが、この訳語には検討の余地があると考えている。というのも、他ならぬ

『教育学』のテキストには「教育の技法と教育論（Pädagogik）は思慮的“judiciös”なものとならなければならない」と論じられ、また「教育の技法における機械論は学問へと転換されねばならない」と語られており、未だ「学」ならざる“Pädagogik”への自覚的反省が認められるからである。この点については、次の論文を参照。山口匡「カントにおける教育学の構想とその方法論的基礎——理論＝実践問題と《judiziös》な教育学」『教育哲学研究』第七十一号、一九九五年、七三〜八六頁。

（2）「教育学的アンチノミー」については本章注（6）の文献を参照。

（3）O・ボルノウは『教育学』の自然的教育の内容には、カントが自然的教育に与えた定義を超えて、道徳的開化も含めた人間の諸素質の発達が含まれており、自然的教育の概念が広く捉えられていることを指摘している。Otto F. Bollnow, Kant und Pädagogik, in: *Westermanns Pädagogische Beitrage*, Braunschweig, 1954, S. 52. 実際、カントは、ルソーの例などをはじめ、さまざまな事例を示して自然的教育の内容を説明する際に、実践的教育の範囲に属するはずの道徳的陶冶に関することにまで言及しており、その点ではボルノウのこの指摘は正しい。しかし、重要なことは、カントが教育論の別の箇所で「精神の自然的陶冶形成と精神の道徳的陶冶形成は、後者が自由だけを目標として、前者は自然だけを目標としているという点で区別される」（IX 469）と論じているように、両者の本来の区別を自然と自由との区別に基づかせている点である。

（4）カントにとって広義の意味での文化とは、人間の諸素質を開化することとその所産であり、カントは、訓練および文明化を含む意味で文化という言葉を使用している。詳細は第2章および第2章の注（19）を参照。

（5）Theo Winkels, *Kant Forderung nach Konstitution einer Erziehungswissenschaft*, Profil, 1984, S. 55.

（6）Horst Hermann, Kant als Erzieher, in: *Kant und die Berliner Aufklärung: Akten des IX. Internationalen Kant-Kongresses*. Hrsg. von Volker Gerhardt, Rolf-Peter Horstmann und Ralph Schumacher. Berlin/New York 2001, S. 39–46.

（7）Kristjan Kristjánsson, *Aristotle, Emotions, and Education*, Ashgate, 2007.

（8）Dietrich Benner / Karl F. Göstemeyer, Postmoderne Pädagogik. Analyse oder Affirmation eines gesellschaftlichen

Wandels? In: *Zeitschrift für Pädagogik*. 33. 1987, S. 65.

（9） 隈元泰弘「カントの教育思想とその現代的意義——批判哲学における教育論の方法論的基礎付けとその再構築の試論」『梅花女子大学文学部紀要33』梅花女子大学文学部、一九九九年、一～二二頁。Paul Formosa, From Discipline to Autonomy Kant's Theory of Moral Development, in: *Kant and Education – Interpretations and Commentary* –, Klas Roth and Chris.W. Surprenant（eds.）, Routledge, 2012, pp. 163–176.

（10） Lars Løvlie, Kant's Invitation to Educational Thinking, in: *Kant and Education – Interpretations and Commentary* –, Klas Roth and Chris.W. Surprenant（eds.）, Routledge, 2012, pp. 107–123.

（11） Georg Cavallar, Sphären und Grenzen der Freiheit: Dimensionen des Politischen in der Pedägogik, in: *Kant – Pedägogik und Politik*, Ergon, 2005, S. 61–79.

（12） Chris W. Surprenant, Kant's Contribution to moral education: the relevance of catechistics, in: *Journal of Moral Education*. Vol. 39, No. 2, Routledge, 2010, pp. 165–174.

（13） また小野原雅夫も、カント『教育学』の固有性を、教育における自由と強制の問題の解決に見出している。小野原説は、日本国内におけるその後のカント『教育学』研究の中心トピックを形成した。なお、小野原は、「教育学的アポリア」の解決を「自分で考えること」に見出しており、本章の考察も大きな示唆を受けている。小野原雅夫「自由への教育——カント教育論のアポリア」『別冊情況』、二〇〇四年、二一二～二二二頁。

（14） 小野原雅夫、前掲論文。

（15） Paul Natorp, "Einleitung", in: *Kants gesammelte Schriften, Band IX*. Hrsg. von Königlich Preußischen Akademie der Wissenschaften, 1923. Traugott Weisskopf, *Immanuel Kant und die Pädagogik*, EVZ-Verlag Abt, 1970.

（16） Theo Winkels, ibid., Wolfgang Ritzel, Wie ist Pädagogik als Wissenschaft möglich? In: *Kant und die Pädagogik: Pädagogik und Praktische Philosophie*. Königshausen & Neumann, 1985, S. 37–45. G. Felicitas Munzel, "Menschenfreundschaft: Friendship and Pedagogy in Kant, in: "*Eighteenth-Century Studies*, vol. 32, No. 2, The Johns Hopkins University Press, 1998, pp. 247–259. また、ムンツェルは、『教育学』に見られるさまざまな概念が、

当時の教育に対する論争を強く意識したものであったことを主張している。G. Felicitas Munzel, *Kant's Conception of Pedagogy. Toward Education for Freedom*, Northwestern University Press, 2012. 特にPart 1を参照。

(17) Roland W. Henke, Kants Konzept von moralischer Erziehung im Brennpunkt gegenwärtiger Diskussion, in: *Pädagogische Rundschau*, Frankfurt, 1997, S. 17–30. Jürgen Overhoff, Immanuel Kant, die philanthropische Pädagogik und die Erziehung zur religiösen Toleranz, in: *Immanuel Kant und die Berliner Aufklärung*, Weisbaden, 2000, S. 133–147.

(18) 谷田信一「カントの教育学的考察――その背景・内容・意義」『社会哲学の領野』晃洋書房、一九九四年、一三五～一六四頁。高田純「カントの教育学講義――「自然素質の調和的発達」をめぐって」『文化と言語』第六七号、二〇〇七年、一八一～二四一頁。

(19) Theo Winkels, ibid.

(20) カントは基本的には、教育の諸々の技法や言説の総論を「教育論（Pädagogik）」としている。だが、注（1）でもすでに触れたように、カントにとってこういった教育論は十分な原理に基づいておらず、まだ「学」に到達していないものであるとされる。この問題は、「技術」の批判哲学体系内の位置づけとして、『判断力批判の第一序論』の第一節で取り扱われている。いずれにしても、本節で示したように、カントの実践哲学の諸著作での教育論の体系的位置づけは一貫しており、たんなる教育に関する諸々の言説の集合（Aggregat）ではなく、彼の実践哲学と整合した仕方で取り出すことは可能である。

(21) 筆者の解釈によれば、カントのこの箇所の言明は、カントが当時の教育論や教育思想を学問として、どのように位置づけようと考えていたかを示唆しており、きわめて重要である。一八世紀ドイツの大学における教育学講義の導入と『教育学』との関係については、藤井基貴「一八世紀ドイツ教育思想におけるカント『教育学』の位置付け」『日本カント研究7』理想社、二〇〇六年、一五三～一六八頁を参照。

(22) 山口匡、前掲論文。

(23) なお、岩波版『カント全集』では、このStudiumは「学問」と訳されている。「教育学はひとつの学問にならなければならず」（岩波版全集二二七頁）。なお、原文は、so muß die Pädagogik ein Studium werden（IX 447）である。

（24）おそらく、カントの実践哲学研究の中で、教育論が十分に研究されてこなかったのは、『実践理性批判』の中で教育論が占める分量上の問題にも起因している。しかし、本節で示しているように、カント実践哲学体系内での教育論の位置づけは一貫しており、今後、さらなる研究が行われてよい。そもそもカントにとって「批判書」は、『純粋理性批判』の序論（B 25）および『判断力批判』の序論（V 194）で、「理性の批判」は「純粋理性の体系のための予備学」と位置づけられている。したがって、「予備学」である『実践理性批判』で、教育論の分量が少ないのは、こうした理由に基づくのであって、カントの哲学体系内で、教育論は傍流に位置づけられるべきではない。

（25）『実践理性批判』および『道徳形而上学』では、カントの道徳教育論あるいは道徳教育のための方法に関する論述は、いずれも「方法論」として、上述の『基礎付け』での言明の通りに布置されている。

（26）同様の指摘は、次の文献でも行われている。Otto F. Bollnow, ibid.

（27）根源悪については、第5章を参照。

（28）Roland W. Henke, ibid. S. 24.

（29）この箇所での「恩寵」の内容を根本悪の克服とする同様の見解は、保呂篤彦「根本悪の克服――個人における、また人類における」『日本カント研究9』理想社、二〇〇九年、三一～三二頁。

（30）厳密に言えば、「心術の革命」は「純粋理性の限界内には属さないが、限界に接している」（IX 52）のであり、「純粋理性の限界内の宗教の付録（Parerga）」（ibid.）と言われている。つまり、義務が道徳的な生を命令する限り、「心術の革命」の可能性を希望することは、理性の立場から考えて認められることなのである。ただし、あくまでこうした「心術の革命」ないし「恩寵」を「理性は格率に採用できない」（ibid.）のである。また、すでに述べたように、カントにとって、「道徳は不可避的に宗教に導かれる」（VI 8 Anm.）のであって、宗教は善き行いの宗教であって、恩寵の宗教では決してない。

（31）『教育学』の「性格」の確立についての論述と『人間学』の「性格」論には、共通するところもある一方で、いくつかの内容上の相違がある。『人間学』では、人間の欲求能力に関わる性格が「気だて・気質（Naturell/Temperament）」と、狭義の意味の「性格」（ここでは心構え（Gesinnung）と言い換えられている）とに区分されている。気質に関しては、四つの分類に分け、生理学的な性格分析を行っている。そして、狭義の意味での「性格」は「理性に由来する、道徳的＝実践的な諸原理から導かれる格率」に基づいたものとされ、こうした性格は「自然に身についた」ものではなく、「そのつど、獲得されたもの」（VII 294）と述べられている。つまり、狭義の意味での「性格」とは善意志そのものであり、「性格の確立」は善意志を自らの行為の格率とし続けることができるようになることを意味している。それに対し、『教育学』での「性格の確立」は本文で後述するように、ただちに善意志に従う心構えの確立を意味しない。両者の差はこの点にあると思われる。

(32) なお、「指導者の絶対的意志に対する服従」については、カントはこの直後で「納税の義務」を例に挙げて語っている。

(33) 括弧内の「自分で」は、筆者が付記した。岩波版全集訳でも訳者により、〈自ら〉という補足が行われている。

(34) カントはこうした道徳的原理の自明性について、『人倫の形而上学の基礎づけ』では次のように論じている。「人間理性は、道徳的原理をコンパスのように携えていて、すべての場合に、何が善であるか悪であるか、何が義務に適い、義務に反するのかを区別することに通暁しており、こちらから普通の人間理性に何か新しいことを少しも教える必要はなく、ソクラテスがしたように、自ら自身の原理に注意を向けさせるだけでよい」（IV 403f.）。

(35) 判断力は、『純粋理性批判』の中で「実例は判断力の歩行器である」（B 174）と説明されているように、教えることができず、ただ陶冶されるしかない特殊な才能であり、実例によって鍛えられる必要があるものとされる。したがって、道徳法則を自覚化した上でも、「どのように適用されるか」という具体的な状況判断に関しては、（例えば個別の道徳教育の場面で）そのつど、批判的に思考し、吟味する必要がある。また、『実践理性批判』の「方法論」でも、「ある行為が道徳法則に適合しているのか」（V 159）を尋ねることにより判断力を磨き続けることが道徳教育にとって必須である、と述べられている。

(36) カントのカテキズムがルターのカテキズムから、またルターの信仰義認論からカント倫理学が受けた影響については、F・デリカートも論じている。Friedrich Delekat, *Immanuel Kant. Historisch-kritische Interpretation der Hauptschriften.* Quelle & Meyer, Heidelberg 1969, S. 257–258. カントの「道徳的カテキズム」とルターの「カテキズム」については、Manfred Kuehn, *Kant: A Biography.* Cambridge University Press. 2001, p. 42 を参照。

(37) V 179–181 を参照。

(38) 寺田俊郎も上述のカントの言明に着目し、「対話的教育方法」は、反省的判断力によって方向づけられていると解釈している。だが、筆者は「対話的教育方法」では、教師だけでなく子どもの側も反省的判断力の鍛錬が行われると解釈する点で異なる。なお、寺田は、カントの教育に世界市民的教育という性格を見出そうとしており、その点でも、筆者の理解と共通している。寺田俊郎「カントの道徳教育論の現代的意義」『哲学科紀要』第三七号、二〇一一年、一～三六頁。

(39) 牧野英二もカントのこの箇所の言明に注目し、カントの「対話」が互いに疑問を提示し、反論することが可能な討議的性格を持つことを指摘している。牧野英二『「持続可能性の哲学」への道』法政大学出版局、二〇一三年、一六九頁。

(40) 「自分で考えること」により、人が自分に内在している人倫的諸法則に出会うさまをカントは次のように言い表している。「汝の内なる、あるいは汝を取り巻く自然のあらゆる力と戦い、汝の人倫的諸法則と争うような場合に、それらの力を必ずや打ち負かそうとするものは、汝にあってなんであるのか。〔中略〕こうした問いが迫り来るならば、このような心の自己認識の不可解ささえもが気持ちを高揚させ、心が苦難に遭遇すればするほど、いっそう積極的に自分の義務を聖なるものとみなすようになるのである」(VI 483)。

(41) この点から振り返ってみるならば、『宗教論』で論じられていた「心術の革命」と『教育学』における「道徳化」の意味内容には大きな違いがあることが明らかである。「心術の革命」は道徳法則を常に自らの格率に選択する心の秩序の回復を意味する。それに対して、『教育学』における「道徳化」とは、「自ら考えること」による道徳法則の明確化と「対話」による道徳的判断力の錬磨を意味していた。『宗教論』と『教育学』をつなげて読む(2)の立場の解釈者たちは、「性格の形成」について、「理性の開化」という段階と「心術の革命」というレベルを混同してきたと言える。

(42) とはいえ、この批判は「表明」されることはなかった。本章で紹介するカントの啓蒙観に対するハーマンの辛辣な批判は、あくまでクラウス宛の書簡の中でなされたものであり、ハーマンの存命中に公表されることはなかった。

(43) J. G. Hamann, *Briefwechsel, Band 5*, A. Henkel (ed.), Frankfurt am Main, 1965, S. 289-292.

(44) ハーマンの批判の真の矛先は、カントではなく「啓蒙君主」フリードリヒ大王に向けられている。未成熟の真の責任である「後見人」の罪に黙したまま、未成熟者自身に自立的思考を押しつけつつ、「いくらでも、好きなことに論議せよ、しかし服従せよ」というカント的啓蒙の態度は欺瞞であり、こうした態度は、結局は「信ぜよ、訓育せよ、納税せよ」に帰着することになる、と述べている。

(45) Hamann, ibid., S. 290.

(46) Hamann, ibid., S. 291.

(47) ハーマンはこうした信仰を「知恵(Weisheit)」と呼んでいる。

(48) Hamann, ibid., S. 291.

(49) その一つとして、R・バーンスタインは、現代哲学およびあらゆる知が入り込んでいる隘路を客観主義と相対主義の対立という二つの思考のあり方に見出し、こうした対立を突破する一つの可能性としてR・ローティの脱構築的批判を、ハーマンと同じく「メタ批判(Rorty's Metacritique)」と名付けている。R. J. Bernstein, *Beyond Objectivism and Relativism: Science, Hermeneutics, and Praxis*, University of Pennsylvania Press, 1983, pp. 197-207.(R・J・バーンスタイン『科学・解釈学・実践Ⅱ』岩波書店、一九九〇年、四一四〜四三三頁)

(50) 鈴木晶子は、カントの同時代人たちの「啓蒙」とカントの「啓蒙」観とを比較し、カントの啓蒙の中に、近代的市民の育成と彼らによる近代国家の設立という「啓蒙の物語」には回収しきれない個人の形成と変容を問う「教育の物語」が含まれていることを指摘している。鈴木晶子『イマヌエル・カントの葬列』春秋社、二〇〇六年。

(51) 小野原雅夫もこの点に着目し、カント哲学における「教育」と「政治」を「技術的判断力」の働く場面として捉え、むしろ「技術」を実践哲学の枠外に押しやるカントの「規範主義的誤謬」を指摘し、「教育」の場面で働く規定的判断力の自由な働きを強調している。小野原雅夫「規定的判断力の自由」『現代カント研究11　判断力の問題圏』晃洋書房、二〇〇九年、一～二〇頁。後述するように、筆者は、カントが「教育」を「実験」と捉える点を強調するが、このような実験によって働くのは規定的判断力だと言い切ることはできないと考えている。むしろ、実験の可謬性の中で、反省的判断力と規定的判断力が相互に働いていると捉えるべきである。

第4章　法における「自立と平等とのアンチノミー」

第1節　歴史哲学における「隠されたアンチノミー」

前章では、カントの教育思想に関する「隠されたアンチノミー」の存在とその内実を考察した。その結果、カントの教育思想の中に「個人の教育」と「人類の教育」という二つの観点で生じた二つのアンチノミー状態が存在することを明らかにした。そして、いずれのアンチノミーも、文化に対する「道徳目的論的規定」と「人間学的規定」という二つの見方の対立に起因していることを確認し、このアンチノミーの解決の可能性を考察してきた。

第4章では、「法」に関する「隠されたアンチノミー」の実態と解決の可能性を考察してゆく。後述するように、「法」に関する「隠されたアンチノミー」は、カントの歴史哲学における「隠されたアンチノミー」でもある。

第4章は次の順序で論述を進める。第一に、カントの歴史哲学における市民社会と法制度の発展の意義を考察する。それによって、カントの歴史哲学についての「隠されたアンチノミー」が「自立と平等とのアンチノミー」として定式可能であることを論証する。この「自立と平等とのアンチノミー」は、歴史の過程における法制度の発展と人類の進歩に関するアンチノミーを意味する。このアンチノミーの原因もまた、文化に対する「道徳目的論的規定」と「人間学的規定」という二つの見方の対立にあり、したがって「自立と平等とのアンチノミー」もまた、「文化と道徳とのアンチノミー」を基本モデルとした「隠されたアンチノミー」である（第2節～第3節）。第二に、「自立と平等とのアンチノミー」に関連する先行研究を吟味・検討する。この課題に関連するいくつかの先行研究は、『理論では正しくとも実践には役に立たないという通説について』（以下、『理論と実践』と略記）の論述に「自立」概念の矛盾を指摘し、その矛盾を解決しようと試みてきた。しかし筆者の見解では、「自立」概念の矛盾は、カント自身のある混乱に基づいている。そこで筆者は、この混乱の原因が、カントによる「成熟」概念の定義にあることを明らかにする（第4節～第5節）。第三に、「言論の自由」の概念が、「自立と平等とのアンチノミー」の解決の手がかりを提示していることを論証する。「言論の自由」は、「自立」の有無にかかわらず、あらゆる人が持つ自由である。しかも「言論の自由」は、法の改善と社会的不平等の改善を実現する原理である。したがって「言論の自由」が法の改善の根拠として機能する場合に、「自立と平等とのアンチノミー」の解決の可能性が開かれる（第6節）。そして最後に、歴史哲学についての「隠されたアンチノミー」を解明することによって、歴史の進歩に対するカントの両義的な視点を浮き彫りにする。カントは一方で、自らの時代を「啓蒙の時代」と診断し、啓蒙の拡大と法制度の発展の先に自由な社会が拡大するという見通しを立てている。しかし他方でカントは、法制度の発展によって、社会の不均衡が生じ拡大するという逆説的な事態が起きるとも考えていたのだ。以下の考察では、これらの課題を上記の視点から吟味・検討してゆく。

第2節　「自立」概念についての考察

カントは、一七九三年に発表した『理論と実践』で、「道徳」「国法」「国際法」について「通説（Gemeinspruch）」に反論することを試みた。この「通説」とは原題にあるとおり、「理論では正しくとも、実践には役に立たない」という通説である。『理論と実践』の各章の表題には、「Ch・ガルヴェ」、「T・ホッブズ」、「M・メンデルスゾーン」の名前が挙げられ、彼らへの反論を展開することによって、カント独自の歴史哲学および法哲学の思想が論じられている。今日でも『理論と実践』に関する論争は、法哲学、政治哲学の分野で、抵抗権否認の問題を焦点として盛んな議論が依然として続いている。こうした分野の研究は、とりわけ一九八〇年以降に盛んになってきた(1)。

E・カッシーラーは、同時期に書かれたカントの歴史哲学的論文の中で、『理論と実践』が、とりわけ重要な論考であると指摘している。カッシーラーは、『理論と実践』で「道徳」と「法」という二つのレベルの法則が錯綜して論じられていることに注目し、こうした構成の内にカントの批判理論とその適用との間に生ずる問題が現れていると解釈する。彼によれば、批判理論の適用に関する問題は、「倫理学と政治学との間の関係に関する特殊な問題(2)」として形成されているのである。

筆者もまた、こうしたカッシーラーの指摘に同意する。『理論と実践』には、実践理性の法的理性からの観点と、理性からの命令を実際に適用し、展開してゆく歴史哲学的観点が錯綜して論じられていると思われるからである。

そこで以下の考察では、『理論と実践』に伏在する二つの観点を整理し、検討してゆくことから始めてゆく。『理論と実践』では、カントの社会契約論が展開されており、彼にとって社会契約論と歴史哲学は密接な関係にある。カントにとって自然状態から市民状態への移行は、純粋実践理性の法的理性から命じられるものである。しかし、歴史哲学的観点から言えば、自然状態から市民社会を形成して法制度を発展させることは、歴史の目的に向かう過程と考えられている。つまり、市民社会の形成および法制度の発展は、歴史哲学的観点から見れば、「文化－文明化－道徳化」という人類における進歩の過程の具体化と見なすことができるのである。また、『世界市民的見地における普遍史の理念』（以下、『普遍史』と略記）の第八命題では、人類の歴史全体の目的は、「自然がすべての素質を人類において完全に展開することができる唯一の状態である国家内部の体制の完全な実現」（VIII 27）にあり、「人類のすべての根源的素質を発展させることができる世界市民的状態」（VIII 28）の設立と語られている。したがって、カントにとって市民社会の形成および法制度の発展は、純粋実践理性から命じられるものであると同時に、歴史哲学的観点からは、歴史の目的へと展開してゆく過程でもある。

さらに歴史哲学的考察と不可分な人類の「道徳化」という究極目的は、本来、叡智界に属する理念であるために、その具体的な過程を描くことは不可能である。それゆえカントは、法制度の発展を類比的に人類の進歩と見なしている。例えば、『諸学部の争い』では、人類の進歩とは、「心術における道徳性の量の増大」ではなく、「義務にかなった行為としての、適法性の所産の増加」（VII 91）であると説明される。したがって、カントの歴史哲学にとって市民社会の確立や法制度が発展することは、人類の進歩を表すものであり、歴史の目的そのものとされているのである。

こうした考察を踏まえて、本節では、カントの歴史哲学に関する「隠されたアンチノミー」を解明するために、『理論と実践』における「自立」概念を考察する。この概念は、『理論と実践』の第二章「国法における理論と実践の関係について」と題された箇所で登場する。そこでは、国家が依拠すべきアプリオリな原理として「自由」「平等」「自立」の三つが挙げられる。筆者の解釈によれば、歴史哲学に関する「隠されたアンチノミー」は、このうちの「平等」と「自立」の原理の対立として生じている。

まず、この三つの原理に関するカントの論述を考察してゆこう。カント自身は、国家が基づくべきアプリオリな原理として、以下の三つの見解を挙げている。

①「社会の構成員各人が人間として自由であること」
②「社会の構成員各人が臣民として、他のすべての構成員と平等であること」
③「共同体の構成員各人が市民として自立していること」

カントは、「これらの原理に従ってのみ、人間の外的権利一般の純粋理性原理に適った国家の創設が可能になる」(VIII 290)と述べている。筆者が見るところ、この言明によってカントは、これら三つのアプリオリな原理の基本的な説明を行っている。カントによれば、国家の成員一人ひとりの「自由(Freiheit)」「平等(Gleichheit)」「自立(Selbständigkeit)」は、国家によって付与されるものではなく、国家や共同体、市民状態の成立の前提として先立つものである。したがって「自由」「平等」「自立」は、国家が付与する国民の権利ではなく、市民社会を構成するためのアプリオリな原理とされている。

筆者が理解する限り、この三つの原理のうち「自立」の原理は、他の二つの原理と比較して、特殊な性格が与えられている。カントは「自立」の原理に関して、他の二つの原理との整合性を持たせていないのである。この主張を裏付けるために、三つの原理がそれぞれどのようなものであり、そして「自立」がどのように際立っているのかを考察してゆこう。

まず、市民状態を構成する第一の原理としての「自由」とは、「各人が自分にとって良いと思うやり方」で幸福を追求する自由であると説明されている。ここで述べられている「自由」とは、カントの実践哲学で示された「自律」としての自由や選択意思の自由ではなく、「各人の自由がすべての人の自由と調和するという条件」(ibid.) の下での各人の幸福追求の自由である。また、法はこうした自由を可能にするために、各人の自由を制限するものとして機能する。さらにカントは、この自由を阻害する「パターナリスティック〔家父長的〕な統治 (imperium paternale)」と、その反対である「祖国的な統治 (imperium non paternale, sed patrioticum)」を対置して、前者を批判している (VIII 291)。

「祖国的な統治」とは、たとえ形式的には君主による統治であったとしても、何よりも各人の権利としての自由が保障される統治を意味する。この統治は、各人が共同体に参入する理由を「各人の権利を共同の意志による法によって保護する」(ibid.) ためと考え、共同体に参入する統治のあり方を意味する。それに対して、「パターナリスティックな統治」とは、国家が国民にとって何が幸福かということまで判断し、国民を「未成熟な子ども」のように統治することを意味する。

筆者の理解では、カントは、上述の「自由」の原理に基づいて「パターナリスティックな統治」を批判している。なぜなら、「自由」の原理とは、「いかなる人も私を強制して (その人が他の人々の幸福をどのようなものかと考えているかという）その人の仕方で幸福であるようにすることはできない、そうではなくて、各人は自分自身に良いと思われる方法で、自分の幸福を求めても良い」（VIII 290）と表現される原理だからである。つまり、「パターナリスティックな統治」は、国民一人ひとりの幸福のあり方まで判断し、統治しようとするのであるから、市民社会を成立させる第一の原理に抵触する。言い換えれば、「パターナリスティックな統治」は、各人の幸福追求の自由を侵害するため、批判されるのである。

次に、第二の原理である「平等」について、カントは、君主を除く他の構成員相互の法の下での平等であると定義している。第一の原理である「自由」では、各人の自由の両立が条件として挙げられていた。これらの「自由」概念の両立は、共同体の構成員が法を介して互いに強制権を持つことによって成立する。それに対して、第二の原理である「平等」は、この「自由」を前提として、各人が相互に持つ強制権が同等であることを意味する。「自由」の原理に基づいて「パターナリスティックな統治」が批判されたように、「平等」の原理に基づいて「平等」を阻害する「世襲的特権（ein erbliches Prärogativ）」が、批判されるべきものとして挙げられている。カントは「平等」の原理が、共同体の構成員相互の法の下での平等であると定義づけた上で、次のように述べている。

共同体における臣民としての人間の平等というこの理念からさらにまた次のような定式が生じる。共同体のすべての構成員は、共同体のどの身分階層（臣民に帰しうる身分階層）にも到達することが許されていなくてはならず、自らの才能と勤勉と幸運によって、どの身分階層にでも到達できるのである。そして同じ臣民であるものが、自らと自らの子孫を永遠に自分の下に押さえつけておくために、世襲的特権によって（ある種の身分に対する優先権として）、彼の行く手をさえぎることはできないのである。（VIII 292）

「世襲的特権」とは、共同体のある構成員が他の構成員に優先して生得の特権を持つことを意味する。「世襲的特権」を認めてしまえば、互いの「自由」を両立させる相互の強制権は同等ではないという結果が生じる。したがってカントは、「平等」の原理の立場に基づいて、「世襲的特権」を批判し、諸々の身分階層への到達可能性を確保しようとしているのである。

ここで注意したいのは、筆者が見るところ、カントは第一の原理である「自由」と第二の原理である「平等」については、ともにアプリオリな原理と見なしている。また、これらの原理に基づいて「パターナリスティックな統治」と「世襲的特権」という経験的な事実を批判している。だがカントは、第三の原理である「自立」については、前二者とは明らかに異なった立場に立っているということだ。カントは、「自由」と「平等」については万人に妥当すると見なしているが、「自立」は、万人に妥当するものではないと考えているのだ。

カントは、法を制定する権利（投票権）を持つ市民（能動市民）と、法を制定する権利を持たず、法にしたがって庇護を受ける「庇護の享受者」としての「受動市民」とを区別している。「自立」はここで投票権を有する市民と受動市民を区別する原理として機能している。カントの考えでは「自立」しているかどうかは次の二つの徴標によって判断される。第一は、自然的な性格（成人男性であること）[3]、第二は、「自分が自分自身の支配者であること（sui iuris）であり、生計を立てるための財産を有しているかどうか」（VIII 295）である。[4] カントは、これら二つの規準を充たさない者を「受動市民」と見なし、彼らには投票権を認めないのである。

これまでの考察を踏まえるならば、ここで挙げられている「自由」「平等」「自立」という三つの原理の中で、「自立」のみが異質な原理であることが際立ってくる。「自由」と「平等」の原理は、それぞれ「パターナリスティックな支配」、「世襲的特権」といった経験的事実を批判する原理として機能している。それに対して、「自立」の原理は、自立しているかどうかを判定する基準（能動市民）だけが示されているだけで、この原理に基づいて批判されるべき経験的事実が示されていない。つまり、「自立」の原理のみが、批判的原理としての機能を果たしていないのだ。(5)

したがって、三つの原理の中で「自立」のみが、他の二つの原理と比較して異質な関係にある。そして、この異質さ、不均衡に関連して「平等」と「自立」の原理は、カントの歴史哲学の中でアンチノミー状態に陥っている。次節では、この「自立と平等とのアンチノミー」状態の内実を解明してゆく。

第3節　『理論と実践』における「自立と平等とのアンチノミー」

本節では、カントが市民状態の構成要件として挙げていた「自由」「平等」「自立」という三つの原理のうち、「平等」と「自立」の原理がアンチノミー状態に陥っていることを明らかにする。そのために、最初にカントの歴史哲学における「自立」の原理の意味を考察する。

前節で考察したように、カントは「自立」の具体的な条件として「成人男性であること」と「生計を立てるための財産を有していること」の二つの条件を挙げていた。なぜ、この二つが「自立」の条件とされているのだろうか。その理由を明らかにするために、「自立」の二つの条件から除外される対象についてのカントの説明を考察してゆこう。

まず、「成人男性であること」という条件から除外されるものとして、女性と未成年者が該当する、とカントは説明する。カントは、『人倫の形而上学』の「法論」で女性と未成年者を「自立」していないと見なす理由を次のように述べている。そこでは、女性について「家の共同体の利益をはかる上で、妻の能力に対する夫の能力の自然的優越」（VI 279）があるために、夫は妻に対する「命令権」を持つと説明されている。また、未成年者については、両親が「監督し、教育する権利」を有すると説明されている。つまり、カントにとって女性と未成年者は、成人男性および親の監督下に服しているので、「自立」していないと見なされていることになる。

次に「財産を有していること」という条件から除外されるものとしては、財産を所有しない女性、子、禁治産者などが含まれる。ところでカントは、この条件について『理論と実践』で、次のような興味深い説明を行っている。

〔財産を所有しているとは〕自分が生きるために〔中略〕もっぱら自分の所有物の譲渡だけによるのであって、自分の諸能力を他人が使用するのを認めることによるのではないこと。したがって、共同体以外の他の誰にも、言葉の本来の意味での奉仕をしないこと。

（VIII 295　強調は原文のもの）

この引用文で注目したいのは、財産所有の実例として二つの事柄が対比されている点である。すなわち、「自分の所有物の譲渡」によって生活できることは、財産所有の実例として認められている。それに対して、「自分の諸能力を他人が使用するのを認めること」による生活は、財産所有の実例として見なされていない。

カントは、上記の引用文に付された脚註の中で、この区別に基づいて作品を譲渡できる「職人（artifices）」と、労働力を提供するにすぎない「下働き（operarii）」を対置している。また、カントは「職人」のみを「自立」した国家構成員と認めている。要するに、「自立」の第一の条件の除外者である「女性」や「未成年者」も、第二の条件の除外者である「下働き」も、他人の命令や保護を受けざるをえないという受動的な立場にあるために「自立」していないと見なされているのだ。これらの除外者たちは、自然的な能力の差や財産所有の有無という理由によって、結局は他人の監督下に服さざるをえないと考えられている。カントがこうした「受動市民」に対して投票権を認めない理由は、彼らが他人の命令や保護を受けざるをえない立場にあるからだ。

すなわち、「受動市民」に対して投票権を与えることは、結果として、彼らの後見人に複数の投票権を与えることになってしまう。したがってカントは、非自立的な「受動市民」に法を制定する権利を認めていない。だが、筆者が見たところ、この「自立」を左右する条件は、アプリオリなものではなく、明らかに経験的で偶然的な要素である。(6) 言うまでもなく、各人の財産は生まれもった条件に大きく影響する。

これまでの考察の成果を踏まえるならば、『理論と実践』における「自由」「平等」「自立」という三つの原理の間には、ある種の矛盾対当の関係が生じているように思われる。すでに明らかにしたように、「自由」とは、他のすべての人の自由と調和するという条件下における各人の幸福追求の自由であった。また「平等」とは、法の下の平等であり、諸々の社会階層への到達可能性であった。そして「自立」とは、自然的・経済的条件に基づいて、他人の監督下に服さないことであった。

しかし、この三つの原理が市民社会の構成原理とされる場合、一つのアンチノミーが生じることになる。そのアンチノミーとは、「平等」と「自立」に関するアンチノミーである。「平等」の原理が要求するものは、法の下の平等と諸々の社会階層への到達可能性であった。それに対して「自立」が要求するのは、自然的・経済的条件に基づいて自立していない人間に対して法の制定権利を与えないことである。しかし、法の制定権利から受動市民を排除することは、「平等」が要求する、あらゆる社会階層への到達可能性という要件と矛盾する。このアンチノミーは次のように定式化することができる。

定立　：市民状態の構成原理として、「自立」は必要である。「自由」「平等」「自立」はいずれもアプリオリな原理である。「自立」の原理を除外するならば、法の下の平等が阻害される。

反定立：市民状態の構成原理として、「自立」は排除すべきである。「自由」「平等」「自立」のうち、「自立」のみが経験的で偶然的な条件である。「自立」を原理と見なすならば、「平等」が要求する社会階層への到達可能性が阻害される。

このアンチノミーは、たんに市民社会の構成原理のみに関するアンチノミーと見なすべきではない。むしろ、市民社会に基づいた法制度の発展に関するアンチノミーと考えるべきである。なぜなら、第2節で考察したように、市民社会の形成は、カントの歴史哲学的観点から見れば、人類の進歩の過程であり、法制度の発展の基礎となるものだからだ。

したがって、この「自立と平等とのアンチノミー」は、法制度の発展によって平等が促進されると見なす立場と、法制度の発展によって平等が侵害されると見なす立場の対立であると解釈できる。定立の側から見れば、法制度の発展は平等を促進するものである。なぜなら、アプリオリな原理である「自由」「平等」「自立」に基づいた法制度の発展は、社会的な諸々の不正や不平等を改善すると考えられるからだ。しかも、後で示す先行研究が解釈しているように、[7]たとえ「自立」の原理に含まれる対象に不平等さがあったとしても、この三つの原理に基づく法制度の発展の先に、その不平等の解消の可能性も望むことができる。

しかし、反定立の側から見れば、法制度の発展は平等を阻害するものとなる。「自立」は経験的で偶然的な条件に過ぎず、「平等」が要求するあらゆる社会的な階層への到達可能性を阻害する。そして、そのように経験的で偶然的な内容を持つ「自立」を法の制定権の条件とするならば、法制度が発展しても、「自立」していない者に対する不平等は是正されない。むしろ不平等が前提となった状態のままに新たに法制度が構築されてゆくにつれて、いっそうその不平等が拡大し、固定化する危険性さえ生じてくることになるのだ。

言い換えれば、この対立は、法制度の発展を人類の進歩と見なすかどうかについての対立でもある。そして、このアンチノミーの根底にも、本書が着目してきた文化に対する「道徳目的論的規定」と「人間学的規定」という二つの見方の対立が存在する。「法」もまた、人間が生み出した文化の所産の一つという側面がある。したがって、「法」に対しても文化に対するカントの二つの見方を適用することができるだろう。すると、「自立と平等とのアンチノミー」の定立の側は、「道徳目的論的規定」に基づいていると解釈できる。なぜなら、定立の側は、法の発展を人類の進歩と考えるからだ。それに対して反定立の側は、「人間学的規定」に基づいている。なぜなら、反定立の側は、法の発展と人類の進歩を同一視しないのであり、潜在的には、「自立」を原理とした法の発展によってさらなる不平等が広がるとさえ考えているからだ。つまり、「自立と平等とのアンチノミー」もまた、「文化と道徳とのアンチノミー」を基本モデルとした「隠されたアンチノミー」の位相の一つと考えられるのである。

続く第4節では、このアンチノミーに関連する先行研究の取り組みを検討する。筆者は、先行研究の解釈の不十分さを指摘した後、先行研究と筆者の見解の相違点を明確にしてゆく。

第4節　「自立と平等とのアンチノミー」に関連する先行研究

いくつかの先行研究では、「自立と平等とのアンチノミー」に関連する問題に取り組んでいる。関連する問題とは『理論と実践』における「自立」概念の定義の不明瞭さに関する解釈を指す。

本章第2節および第3節で考察したように、『理論と実践』での「自立」概念は、他の二つの「自由」「平等」と比べて不整合な内容を持っていた。すなわち、「自由」「平等」がアプリオリな原理であるのに対して、「自立」は経験的な条件を内容としていた。いくつかの先行研究では、この「自立」概念の不整合さをどのように理解するかという課題が取り組まれている。

カントが市民社会の成立の原理にこうした経済的条件を組み入れた点に対しては、同時代人や何人かの解釈者たちから批判されてきた。その中で、近年における有力な批判者の一人が、碩学のM・リーデルである。リーデルは、経験的性格を持つ「自立」を法のアプリオリな構成原理として組み入れることによって、カントの構想は頓挫したと批判する。[(8)] リーデルによれば、経済的与件としての「自立」が、共同立法を行う主体の規準となることによって、自由と平等を規範とする市民の概念をきわめて曖昧にしてしまった。また、W・ケアスティングも、カントがここで「自由」と「平等」と並んで、第三の原理として「自立」を組み入れたことを批判している。ケアスティングは、「あらゆる経験的規定から解放された法の批判的基礎づけを目指すという宣言に反して、経済的に解釈された自己充足〔を導入すること〕によって、偶然的な事実が、アプリオリな基礎づけ原理の地位に格上げされることになる」[9]と、厳しくカントを批判する。

リーデルとケアスティングは、経済的条件としての「自立」を法の構成原理として組み込むことは、カントの本来の意図から逸脱していると批判した。この点では、両者の見解は一致している。しかしケアスティングは、さらに進んで社会史的な観点から、カントが「自立」概念の内容に重大な変更を与えていることを指摘する。ケアスティングによれば、カントは「自立」の主体を、一定の土地と財産を有する「家長」から「市場で商品の交換が可能である所有者」へとスライドさせている。さらに、カントは一方で自立を私的所有と結びつけ、他方で所有物の流通を権利の平等という原理によって自由化することによって、市民的経済社会の流動性が高まるに連れて、自立と非自立との関係自体を流動的にさせた。つまり、カントによって「市民」の特権は、「誰もが取得できる権利」に変わり、「誰もが自立を手に入れることができる」[10]ものへと変質したと解釈した。それゆえ、ケアスティングは、「カントの社会像は、形式的な法に従って組織された市民的経済社会によって身分制を持つ階層的体制の社会を解消してゆくという方向に向かっている」[11]と評価し、社会の段階的な改革という点にカントの歴史哲学における法制度の特徴を見出している。

またI・マウスは、一種の「自立概念の二観点説」と呼べるような解釈によって、上述の「自立」概念の問題を解決しようとする。マウスによれば、カントの「自立」概念は、「記述的パースペクティヴ」と「規範的パースペクティヴ」から解釈することができる。カントは一方で、実際には経済的自立条件が整っていない多くの市民がいるという現実的認識に根ざし、こうした現実を暫定的に容認する（記述的パースペクティヴ）。他方で、カントの根本的な意図はあくまで「万人が自由で、経済的に自立し、立法する能力を持つべきだという目標」へと導く点（規範的パースペクティヴ）にあると主張する。[12] こうしたマウスとケアスティングの主張は、歴史の進展の中に「自立」した主体の拡大を託す点では一致している。そして、これらの先行研究の解釈は、「自立と平等とのアンチノミー」の定立の側に立つ解釈と見なすことができる。なぜなら、これらの先行研究の解釈は、「自立」を法制度の発展のための原理とし、歴史の過程における法制度の発展を肯定的に見なすからである。

しかし、カント自身のテクストに即すかぎり、「自立」した主体の拡大は、「自立概念の変更」(ケアスティング説)や、「自立概念の二観点説」(マウス説)によって行われるのではなく、「平等」の原理に基づいて行われると理解する方が適切である。なぜなら、上述のように、カントは「平等」の原理によって「世襲的特権」を否定し、共同体の構成員が諸身分階層へと移動する可能性を確保したからである。また第5節でも立ち入るように、「自立」した主体の拡大の可能性は、「平等」の原理が要求しているのであり、「自立」の原理そのものに、そのような可能性を帰すことは不適切である。

筆者の立場から見れば、歴史の進展に「自立」した主体の拡大を認めようとする解釈は、カントによる「自立」概念の定義を首尾一貫としたものと解釈する点で誤っている。『理論と実践』で、カントが「自立」を市民状態の構成原理としている理由は、たんに経済的理由に基づいているのではない。内的な「自立」もその理由の一つとして、密かに導入している。なぜなら、内的な「自立」を果たしていなければ、「パターナリスティックな統治」に服すほかなく、さまざまな後見人の監督下に置かれる、とカントは考えていたからだ。

しかし、次の第5節で明らかにするように、カントは「自立」概念を定義するにあたって、この内的な「自立」を説明することがなかった。そのため、上述の「自立」概念の混乱が生じたのである。後述するように、カントによる「自立」概念は、本来「成熟」概念の三つの意味に基づいている。ところが、カントは「自立」概念を定義する際に、「思考に関する成熟」という意味を説明することなく、それを「自立」概念のうちに密輸入してしまった。これらは、先行研究が明確化できなかった論点である。

筆者が見るところ、カントは、「自立」の定義を首尾一貫したものとして定めることに成功していない。実際、カント自身も、市民社会のための原理として「自立」を加えることの困難さに気づいていた。カントは一方で「自立」の内実を経済的な条件として挙げるが、他方では「ただし、自分自身の支配者としての人間の身分を主張できるために、何が必要であるかを明確に定めることは正直に言って、少々難しい」(VIII 295) と語り、この条件の基準を明確に定めることに躊躇している。

さらに、カントが別の箇所で『理論と実践』とは異なる「自立」の定義を与えている点もまた、「自立」概念の曖昧さを裏付けている。カントは、『人倫の形而上学』では、「自立」を自然的な性質や経済的な条件に帰していない。『人倫の形而上学』の「法論への序論」の論述では、権利の最高区分として「生得の権利 (das angeborene Recht)」と「取得される権利 (das erworbene Recht)」との区別が設けられている。カントの説明によれば、「生得の権利」とは、「一切の法的作用によることもなく、誰にでも自然に帰属している」(VI 237) 権利であり、あらゆる法に先立って認められる権利である。それに対して「取得される権利」とは、「そのためには法的作用が必要とされる権利」とされている。この「取得される権利」には、経済的な財産に対する物権や、妻、子、奉公人 (Dienstbote) に対する物権的債権も属する。

ここで注目したいのは、この箇所では「自由」「平等」「自立」の三幅対が、『理論と実践』とは異なる仕方で登場していることである。『人倫の形而上学』の論述では、この三幅対は「自由」に含まれると説明されている。

カントは、生得の権利としての「生得の自由」について次のように説明していた。この「生得の自由」の内容は、「他の誰の自由とも普遍的法則に従って両立できる限りでの」(ibid.) 自由であり、「唯一の、根源的な、人間であるゆえに万人に帰属する権利」(ibid.) である。またカントは、この「生得の自由」の具体的な展開として、「他の人に課すことができる以上の拘束を、他の人々からも課されることがないという独立 (Unabhängigkeit)」(ibid.) としての「平等」や、「自分自身の主人 (sui iuris) であるという人間の資質」(VI 238)、つまり「自立」を挙げているのだ。

つまり、『理論と実践』における「自由」「平等」「自立」の三つの原理と、『人倫の形而上学』でのこの三つの原理は、その位置づけが異なっている。『理論と実践』では、これらの原理は、国家が基づくべきアプリオリな原理として挙げられており、相互に還元不可能な三つの原理とされていた。しかし『人倫の形而上学』では、「平等」と「自立」が、「一切の法的作用」に先立つ「唯一の生得の権利」である「自由」に含まれる原理であると指摘されている。『人倫の形而上学』での「自立」の定義は、『理論と実践』の定義とは大きく異なっており、したがって両著作間の定義は相互に矛盾しているのである。

この矛盾が際立って現れるのは、「取得される権利」に関して論じられる場合である。『人倫の形而上学』では、経済的な財産に対する物権や、妻、子、奉公人といった物権的債権は、「取得される権利」に属すると見なされている。カントは「物件に対する仕方で人格に対する権利」つまり、「物権的債権」(dinglich-persoenliches Recht) に関して次のように明言する。「この権利から自然的許容法則が帰結し」(VI 276)、「この法則に従う取得は、その対象に即して三つに分かれる。つまり、夫は妻を取得し、夫婦は子を取得し、家族は奉公人を取得する。――このようにして取得可能なものは同時に譲渡不可能であり、こうした対象を占有する権利は、このうえなく全人格的である」(VI 277 強調は原文のもの)。これらは、すべて婚姻・家族・相続に関する身分的権利と見られていた。

これらが「取得される権利」であると説明された事実は、婚姻契約や、親‐子の関係、主人‐奉公人の関係等の非自立を規定する関係が、当事者同士の契約によって成立するものとみなされていることを意味している。(13)

しかし、ここに『理論と実践』における「自立」概念の定義との間に矛盾が生じている。『理論と実践』では、「自立」は自然的および経済的条件によって他人の監督下にないことを意味し、女性や子や奉公人は「自立」していないとみなされていた。だが、『人倫の形而上学』では、妻や子や奉公人は契約の主体とされている。つまり、契約という法的行為は、契約の主体が「生得の権利」である「自由」に含まれる「自分自身の主人」＝自立の主体であることを前提しなければ成立しないはずだ。したがって、女性や子や奉公人が、法的に「誰かの妻」、「誰かの子」、「誰かの奉公人」となるためには、女性や子や奉公人は、あらかじめ契約の主体であり、「自立」の主体でなければならないことになる。

それゆえ、筆者は、カントによる「自立」概念の定義は混乱していると判断する。筆者の解釈では、「自立」概念の定義の混乱は、カントが「自立」概念を考える際に「成熟」概念をモデルにして考えていたことに起因している。そこで次節では、「成熟」概念を捉えるカントの三つの観点と「自立」概念の関係を考察してゆく。

第5節　「成熟」概念に基づく「自立」概念の多義性

「成熟」概念は、カントによる啓蒙の規定の本質に関わる重要な概念である。この概念は、『啓蒙とは何か』の冒頭での「啓蒙とは人間が自らに責めがある未成熟状態（Unmündigkeit）から抜け出ること」（VIII 35）という、啓蒙の有名な定義の中で登場する。N・ヒンスケは、概念史的考察の立場から「成熟」概念を検討し、カントがこの概念をどのように受容し、その意味を変容させていったかを明らかにした。

ヒンスケによれば、そもそもこの概念は、当時の用法では法律的な意味を持っており、「年齢の未熟（未成年）」あるいは「市民としての仕事に従事している」ことを意味していた。それに対して、カントは個人の内面的態度や考え方に対しても「成熟」という言葉を適用した。ヒンスケの解釈では、このことは、当時の啓蒙思潮の伝統的標語であった「自分で考える」（Selbstdenken）ことを「成熟」概念に置き換えようとする試みであった。カントは、法律用語の「成熟」概念に対して、内面的態度や啓蒙の内実を表す言葉として使用することにより、啓蒙概念の内容に「自分で考える」という知性的側面だけでなく、行動をも含む性格の形成を付け加えようと意図したのだった。(14)

さらに概念史的研究の成果によれば、「成熟」は、「Selbstmündigkeit」の短縮形であり、「自らの主人」という意味であった。「自らの主人」とは精神的な意味ではなく、法的レベルで自由に自己決定を行う者であり、法秩序の枠内で政治的市民法を遂行する法的資格を意味していた。(15)

以上の考察の成果をまとめるならば、カントにとって「成熟」は、二重の意味での「主人・保護者（Mund）」であることを意味する。一つは、法的レベルで被支配者ではないという意味での「Mund」であり、もう一つは内的レベルで「自らの主人である（sui iuris）」という意味での「Mund」である。

筆者が見るところ、これまでのカント研究史の領域における「成熟」概念の把握は、ヒンスケの姿勢に象徴されるように、後者の側面にのみ焦点が定められてきた。「成熟」概念は出自としては法的意味を持っていたとしても、カントがこの概念を道徳的意味に高めたということが強調され、法的レベルでの「成熟」が、カントの中でどのような意味を持つかは十分に省みられてこなかった。

だが、「成熟」概念の二つの意味は、いずれもカントの歴史哲学の中で重要な役割を果たしている。特に「成熟」概念は、『理論と実践』における「自立」概念の定義に大きな影響を与えているのだ。

そこで次に、カントが、「成熟」概念の意味に基づいて「自立」概念を定義していた証拠として、一七九一年一一月の冬学期の人間学講義の記述を手がかりにして考察してゆく。カントは、人間学講義の中で「未成熟状態について（Von der Unmündigkeit）」という項目を設けて、「成熟」概念について解説を加えている。[16] 筆者の立場から見て重視すべきは、カントが、この箇所で「成熟」概念を三つの観点から分析して論じている点である。

カントは、未成熟状態を「他者の導きなしに自らでは何かを決定することができないこと」とした上で、その未成熟状態（Unmündigkeit）を、年齢上での未成年（Minorennität）と年齢には基づかない「自然的な未成年（natürliche Minorennität）」とに区別する。またカントは、「成熟」概念を内容から見て、法律的な意味と内面に関する意味とに区分している。これは、上述のヒンスケの分析の通りである。

本節の主題である「自立と平等とのアンチノミー」の正確な把握のために、これらの区分とその意味の重要性に立ち入って考察を進めることが重要である。まずカントは、内面に関する「自然的な未成年」の例として、聴罪師に自らの公務を委ねるスペイン国王：フェリペ四世（Philipp IV.）を挙げる。そして、この「自然的な未成年」としての未成熟状態を次のように二つに区分している。それは「1．仕事（Geschäfte）、2．思考（das Denken）」であり、後者の「2．思考」の未成熟状態の説明として、「最低限、自分で考えることもしないで（nicht das geringste Selbstdenken）宗教を信じる人々[17]」が挙げられている。

さて、以上の考察を踏まえるならば、カントは「成熟」概念を三つの観点から論じていることがわかる。第一の観点は、「年齢上での未成年」である。第二の観点は、「仕事に関する未成熟」である。そして第三の観点は、

「思考に関する未成熟」である。

そして、カントはこうした「成熟」概念を基として、「自立」概念について考えていたと思われる。というのも、『理論と実践』での「自立」の第一の条件である「成人男性であること」は、上述の「成熟」概念の区分では、「年齢上での未成年」に対応している。また「自立」の第二の条件である「財産を有している」ことは、「仕事に関する未成熟」に対応しているからだ。

だが第三の「思考に関する未成熟」については、カントは「自立」の定義として対応するものを明示的には言及していない。だが、筆者が強調したいのは、カントが「自立」の第三の条件として、「成熟」のこの第三の意味を密かに導入しているということだ。すなわち、カントは「自立」概念に対して、経済的(仕事)レベルでの「自立」と内的(思考)レベルでの「自立」との二つの意味を持たせているのだ。その証左となるのは、「後見人(Vormunt)」という言葉である。

「後見人」については、『理論と実践』では、経済的に自立していない人々は、土地所有者や大商人といった「後見人」の命令や保護下にあるゆえに、市民体制の構成員として組み入れることはできないと語られていた。「後見人」とは、『啓蒙とは何か』では、経済的レベルでの「自立」を制限するものとしてではなく、内的レベルでの「自立」を制限するものとして語られてもいる。

『啓蒙とは何か』では、人間が未成熟状態から抜け出すためには、「自分の悟性を使用する」ことが必要であると述べられる。というのも、人間は「怠惰と怯懦」によって、他人に指導される未成熟状態に留まろうとする傾向があるからである。「後見人」とは、こうした未成熟状態を存続させるものと捉えられている。カントは、「後見人」の実例として「私に代わって悟性を持つ書物、私に代わって良心を持つ教師、私に代わって養生の仕方を判定する医師」（VIII 35）を挙げていた(18)。

　つまり、筆者の解釈では、「後見人」は、たんに経済的レベルでの自立を阻むだけでなく、「自分で考える」ことを阻害し、内的レベルでの「自立」をも阻害する。カントは、こうした「後見人」を批判することによって、「成熟」と同様に、「自立」についても経済的な意味だけでなく、「自分で考える」という内的レベルでの意味を持たせているのだ。

　さらにこの解釈を正当化する箇所が、『理論と実践』で示されている「パターナリスティック〔家父長的〕な統治」と、「祖国的な統治」の区別に認めることができる。この区別によって強調されているのは、「後見人」としての国家（君主）に対する、成熟していない国民のあり方と成熟した国民のあり方との対比であった。

国民は、未成熟状態にある限り、「パターナリスティックな統治」に服しており、父である君主・国家による指図を進んで受け容れることになる。それに対して、成熟した国民は、各人が根源的契約の理念の下で自ら共同体に参与する「祖国的な統治」に加わる。カントにとって「自立」を基礎づけるのは、経済的条件だけでなく、市民社会を構成する成員が、自ら「パターナリスティックな支配」を脱出する内的な「自立」を果たすことでもある。

　したがって『理論と実践』で、カントが「自立」を市民状態の構成原理としている理由は、たんに経済的理由に基づいているのではない。前節で示唆したように、内的な「自立」もその理由の一つとして、密かに導入されているのである。なぜなら、内的な「自立」を果たしていなければ、「パターナリスティックな統治」に服すほかなく、さまざまな後見人の監督下に置かれる、とカントは考えていたのであるからだ。だが、カントは「自立」概念を定義するにあたって、この内的な「自立」を説明することがなかった。そのため、上述の「自立」概念の混乱が生じていった。

カントによる「自立」概念は、本来「成熟」概念の三つの意味に基づいている。ところが、カントは「自立」概念を定義する際に、「思考に関する成熟」という意味を説明することなく、それを「自立」概念のうちに密輸入してしまったのだ。「自立と平等とのアンチノミー」の解決の可能性を探究するためには、こうした「成熟」概念に基づく「自立」概念の三つの意味を的確に把握することが不可欠である。以上の考察の成果を踏まえて、次節では、「自立と平等とのアンチノミー」の解決の可能性を明らかにする。

第6節　言論の自由による「自立と平等とのアンチノミー」の解決の可能性

第6節では、「自立と平等とのアンチノミー」の解決の可能性を探究してゆく。筆者の解釈によれば、カントによる「言論の自由」こそが、このアンチノミーの解決の手がかりを提示する概念となる。すでに明らかにしたように「自立と平等とのアンチノミー」とは、次のように定式化できる。

定立　：市民状態の構成原理として、「自立」は必要である。「自由」「平等」「自立」はいずれもアプリオリな原理である。「自立」の原理を除外するならば、法の下の平等が阻害される。

反定立：市民状態の構成原理として、「自立」は排除すべきである。「自由」「平等」「自立」のうち、「自立」のみが経験的で偶然的な条件である。「自立」を原理と見なすならば、「平等」が要求する社会階層への到達可能性が阻害される。

定立の側から見れば、市民社会の構成原理に「自立」を入れることで、一部の後見人に法の制定権を集中させることを防止し、法の下の平等を確保することができる。また、こうした前提のもとでの法制度の発展が、社会的な諸々の不正や不平等を改善すると考えられる。しかし、反定立の側から見れば、市民社会の構成原理に「自立」が入ることで、「平等」が求めるあらゆる社会階層への到達可能性が損なわれる。なぜなら、「自立」の内実は経験的で偶然的なものであり、このような「自立」を法の制定権の条件とするならば、「自立」していない者に対する不平等は是正されず、かえってその不平等が拡大する危険性があるからだ。

筆者が見るところ、カントによる「言論の自由」の内実がこのアンチノミーの解決の可能性を提示している。その理由は「言論の自由」の特殊な性格にある。たしかに、上述の定立、反定立のいずれの立場でも、投票権が法制度の改善および社会的不平等の改善を左右すると考えられている。だが、実は、カントは「言論の自由」こそ、法制度の改善と社会的不平等の改善を行う原理と見なしていると理解することができるからだ。しかも「言論の自由」は、経済的「自立」とは関係なく、あらゆる民衆が持つはずである。

したがって「自立と平等とのアンチノミー」は、「言論の自由」に基づく法制度の改善および社会的不平等の改善が行われるならば、解消することが可能となる。こうした解決の道の妥当性を明らかにするために、カントによる「言論の自由」の定義を考察してゆこう。

『理論と実践』では、不当な法への異議申し立てに関して「言論の自由」が登場する。カントは、法の制定が「公法の正当性の試金石」（VIII 297）に基づいて行われるべきであると考えている。カントによれば、「あらゆる法の制定に際して「その法が国民全体の一つになった意志に基づいて生じえたかのような仕方で制定するように義務づける」(ibid.)ことを意味する。この「試金石」は、「たんなる理性の理念であるが、この理念は、疑う余地のない(実践的な)リアリティをもっている」(ibid. 強調は原文のもの)。さらにカントは、法の制定だけでなく、個別の法が適切なものであるかどうかという課題もまた、この「あらゆる公法の正当性の試金石」に基づいて判断されると述べる。カントは不当な徴税の例を挙げて、次のように説明している。

(戦争の為に)ある地主たちには納税が督促され、他方で同じ身分の他の人たちは免除されるとしたらどうだろう。市民全体がこのような法に同意することが不可能であるのは一目瞭然である。彼らはこのような法に対して少なくとも異議を申し立てる権限を持つ。なぜなら、このような不平等な負担配分を正当と見なすことはできないからである。(VIII 298)

上述の言明では「公法の正当性の試金石」を根拠として、不当な法(税)が判断されている。カントは、上述の「あらゆる公法の正当性の試金石」に基づいて、世襲的特権階級を保障するような法は「国民全体がそれに同意することが不可能であるような公法」(VIII 297)であり、不当であると述べている。つまり、一部の集団にある特権的身分や特典を公法として認めることは、この「試金石」に照らして不当であると判断されている。

だが、筆者が見るところ、この不当な法に対して市民が行うことができることは「異議申し立て」であり、それは限定的である。この箇所に見られるのは、立法権(国民)と執行権(君主)の権力の明らかな非対称性である。立法権と執行権が同じ重さを持つものならば、「不当な法」に対して立法権が行うことができるのは「法の改正や撤廃」でなければならない。それにもかかわらず、あくまで「異議申し立ての権利」にとどまるカントの立論は、あまりにも説得力が弱いように感じられる。

ところが実際には、カントは「異議申し立ての権利」の背景に「言論の自由」を置くことによって、この問題を解決しているのだ。その論拠をカント自身の論述から引証してみよう。

> 国家市民には、元首が思い違いのままに行う事柄のうち共同体に対する不正であると思われるものについて自分の考えを公表する権限が〔中略〕与えられる。〔中略〕それゆえ、言論の自由は国民の唯一の守護神である。
>
> （VIII 304）

上述の引用文には、カントによる「言論の自由」の重要さが明確に示されている。カントは、このような「言論の自由」が「公法の正当性の試金石」を補強し、諸権利を保障すると考えている。[19] カント自身の言明によれば、「言論の自由」によって形成される「世論（die öffentliche Meinung）」によって、騎士団の管区や教会の財産といった既存の特権的地位さえも、国防上やさまざまな経験的状況から判断して「それぞれに必要とみなす世論がなくなれば〔中略〕、直ちに撤廃されることになる」（VI 324）。つまり、既得権や例外的条項を認める不平等な法は、「言論の自由」に基づく世論形成によって改善されるとカントは見なしているのだ。

筆者が見るところ、この「言論の自由」の機能に「自立と平等とのアンチノミー」の解決のための手がかりが示されている。なぜなら、「言論の自由」は、投票権とは異なり、能動市民にも受動市民にも等しく認められているからである。つまり、たしかに上述の反定立の立場が主張するように、経済的「自立」を法の制定権の権利としてしまうことによって、投票に基づく法制度の発展によるのみでは、不平等は是正されないという事態もありうる。しかし、不平等な法や制度の改正が「言論の自由」に基づいて行われる可能性は残されている。したがって、「言論の自由」が法制度の改善の原理として機能するならば、上述の定立の立場でも社会階層への到達可能性および法制度の発展による不平等の改善の可能性は認めることができる。さらに、世論形成のための「言論の自由」の根底には、「理性の公的使用」が存在している。

すでに明らかにしたように、「理性の公的使用」は、『啓蒙とは何か』で登場する重要な概念であり、「理性の私的使用」と対置される概念である。「理性の私的使用」とは、何らかの社会的ポジションもしくは何らかの官職の立場から行われる理性使用のことである。それに対して「理性の公的使用」は、「読者世界の全公衆を前にして、学者として理性を使用すること」(VIII 37) とされている。「理性の公的使用」は、このような公開性と非党派的思考という性質を持つゆえに世論形成を行う際には不可欠である。なぜなら、世論形成のために必要なことは、ある法案、ある制度に対する一人ひとりの市民の判断を「言論の自由」に基づいて公開し、その正否を問うことに他ならないからだ。どれほど正しい意見であっても、「言論の自由」に基づいて表明された一つの意見のみでは、法の改正や撤廃は実現できず、公開性を伴った議論を経て、多くの賛同を得ることによってはじめて、法の改正や撤廃を可能にする「世論」となる。そして、多くの賛同を得るためには、非党派的思考に基づいた意見であることが重要だからだ。

言うまでもなく、「理性の公的使用」も「言論の自由」と同様に、受動市民、すなわち経済的「自立」の資格を持たない市民にも認められるはずだ。以上の解釈に基づけば、カントは「投票権」ではなく、「言論の自由」

にこそ法制度の改善と社会的不平等の改善の可能性を見出していたと理解することができる。そして、「自立と平等とのアンチノミー」は、「理性の公的使用」および「言論の自由」による不平等の改善によって、解決されうる。

言論や出版の自由は、権力者によって奪われることがあったとしても、思考の自由が権力者によって奪われることはありえないと言われてきた。しかしカントは、この見解に異を唱えて、次のように主張する。「もしもわれわれが、自分の思想を他者に伝達し、また他者もその思想をわれわれに伝達するような、そうした他者との共同性のなかで思考しなかったとすれば、われわれはどれほどよく、またどれほど正しく思考するであろうか。したがってわれわれは、人間からその思想を公共的に（öffentlich）伝達する自由を奪う外的権力は、同時にその者の思考する自由をも奪う、と言っても差し支えないだろう」（VIII 144 強調は原文のもの）。カントにとって、言論の自由は、「あらゆる点で、自身の理性を公共的に使用する」（VIII 36）権利を意味するのだ。[20]

上記の考察をまとめるならば、法制度の改善は、「公法の正当性の試金石」に依拠した法的平等の観点からのみ規定的に判断されるのではなく、さまざまな立場にある市民の一人ひとりによる議論を経た「世論」によって行われる。さらにその議論は、「理性の公的使用」によって、それぞれの立場を超えた非党派的思考と公開性のもとで行われることになる。法制度の発展が「自立」した市民による投票権によってのみ可能であると見なす場合には、「自立と平等とのアンチノミー」を解決することはできない。なぜなら、その場合には、限定された「自立」の主体と「平等」の原理との衝突を避けることができないからだ。しかし、法制度の改善が「言論の自由」と「理性の公的使用」に基づく世論形成に依拠すると考えるならば、このアンチノミーを解決する可能性は開かれる。なぜなら「言論の自由」は、「自立」しているかどうかに関係なく、あらゆる人に前提される自由だからである。

本章の考察の成果から、次のように結論づけることができる。第一に、カントの歴史哲学に内在する「自立と平等とのアンチノミー」と、その解決としての「言論の自由」に基づく法制度の発展という見通しは、「自由」「平等」「自立」を原理とした近代の市民社会に対するカントの両義的視点を示している。第二に、カントは一方でこの三つの原理に基づいて、法制度が発展することを人類の進歩と捉えている。つまり、法制度の発展の先に自由で平等な社会が拡大するという見通しを立てている。他方でカントは、こうした原理に基づく法制度の発展だけでは、自由と平等が損なわれる危険性を見ていた。第三に、こうした危険性に対し、カントは「言論の自由」が社会的不平等を是正し、法の発展を促す市民社会の根本原理であると見なしていた。そして第四に、「自立と平等とのアンチノミー」を解決するためには、上記の両義性から生じる錯誤から解放され、「言論の自由」の的確な意義に留意することが重要なのである。

注

（1）近年における『理論と実践』研究の嚆矢の一つは、R・ブラントの研究である。ブラントは、無政府状態を避けるために、専制を一時的に許容し段階的な社会改革を目指す「理性の許容法則」の思想としてカントの抵抗権否認を解釈する。またH・クレンメは、抵抗権否認という論点だけでなく、より幅広い論点に関する段階的な社会改革という論点にカントの法哲学の基本計画を見出そうとしている。これに対して、I・マウスはブラントとは異なる解釈を行う。マウスもまた、歴史哲学の観点からカントの法思想を解釈する点ではブラントと共通している。しかしマウスは、抵抗権の否定の根拠を段階的な社会改革論に認めない。マウスによれば、抵抗権自体が中世封建主義の君主に対する司法権の残滓に他ならず、カントは抵抗権および政治の司法化を避けることによって、徹頭徹尾、国民主権の原理に基づいた市民社会理論の構築を意図していたと解釈している。Reinhard Brandt, "Das Erlaubnisgesetz, oder: Vernunft und Geschichte in Kants Rechtslehre", in: *Rechtsphilosophie der Aufklärung: Symposium Wolfenbüttel 1981*, Walter de Gruyter, 1982, S. 233–285. Heiner Klemme, "Einleitung", in: Kant, Immanuel: *Über den Gemeinspruch, Zum ewigen Frieden. Philosophische Bibliothek Band 443*, Meiner, 1992, S. VII–LIII. Ingeborg Maus, *Zur Aufklärung der Demokratietheorie*, Suhrkamp, 1992.（I・マウス『啓蒙の民主制理論』浜田義文・牧野英二監訳、法政大学出版局、一九九九年）。

（2） Ernst Cassirer, *Kants Leben und Lehre*, Verlag von Bruno Cassirer, Berlin, 1977.（E・カッシーラー『カントの生涯と学説』門脇卓爾・高橋昭二・浜田義文監修、みすず書房、一九八六年、三九二〜三九五頁）。

（3） カント自身の正確な記述は「市民と呼ばれるために必要な資格は、自然的な資格（子ではないこと、女性ではないこと）である」（VII 295）。このように、カントの根源的契約を担う主体である市民から女性や子が排除されてきたことは、フェミニズムやポストコロニアリズムからの批判を待つまでもなく、筆者の判断からみても問題である。だが、この点について立ち入ることは、本論の要旨から逸脱する恐れがあるため、以下の参照論文を挙げるにとどめる。Carole Pateman, *The Sexual Contract*, Stanford University Press, 1988. カントの「啓蒙」の主体から女性が排除されているという指摘は、次の文献でも厳しく批判されている。Cf. Genevieve Lloyed, *The Man of Reason: "male" and "female" in Western Philosophy*, University of Minnesota Press, 1981.

（4） ただし、カントは財産（Glücksgüter/Eigentum）概念を財貨（Ware）や富（Reichtum）より幅広く捉えている。つまり、市場交換可能な個人の熟練（Geschicklichkeit）も財産として捉えていることに注意する必要がある。その点で、メッツガーが言うようなカントの法概念が封建的な色彩を留めているという批判は正確ではない。Wilhelm Metzger, *Gesellschaft, Recht und Staat in der Ethik des deutschen Idealismus*, Heidelberg, 1917. また、関連する議論として、J・C・メルレはカントとロールズを比較考察しながら、カントの中に経済的平等の視点を見出そうとしている。Jean-Christophe Merle, Envy and Interpersonal Dependence in Kant's Conception of Economic

Justice, in: *Kant und die Philosophie in Weltbürgerlicher Absicht, Akten des XI. Kant-Kongresses 2010*, Walter de Gruyter, 2013, pp. 765–776.

（5）「自立」の原理の箇所では、この原理に基づいて批判されるべき経験的事実が示されていないということについて、カントは大地主が身分上の特権を法律によって得ることや、彼らが複数の投票権を持つことになった場合等を批判している。しかし、こうした批判は、カント自身「これはすでに述べた平等の原則に反することになるだろう」（VIII 296）と述べているように、「平等」の原理の立場に基づいて行われている。

（6）性別や財産の多寡が経験的で偶然的であるということに関して、生物学的性別は（現代の遺伝子工学の成果を別にするならば）選択できないのであり、その点でアプリオリだという反論もありうる。だが、カントにとってアプリオリとは、「生得的に」ということや、「時間的に先」ということを意味するのではなく、認識源泉すなわち理性そのものにとってアプリオリかどうかということに関して言われる。したがって、性別の違いそれ自体はアプリオリなものではなく、むしろ「自然的」と言う方が適切だろう（実際カントは、男女の違いを「自然的」（VIII 295）と呼んでいる）。

（7）本章第4節を参照。

（8）Manfred Riedel, Herrschaft und Gesellschaft. Zum Legitimationsproblem des Polischen in der Philosophie, in: *Materialien zu Kants Rechtsphilosophie*, Suhrkamp, 1976.（M・リーデル「支配と社会——哲学における政治の正当化問題に寄せて」佐々木毅訳、『伝統社会と近代国家』所収、岩波書店、一九八二年、一四～一六頁）。

（9）Wolfgang Kersting, *Wohlgeordenete Freiheit, Immanuel Kants Rechts- und Staatsphilosophie*, Mentis, 1984.（W・ケアスティング『自由の秩序』舟場保之・寺田俊郎監訳、ミネルヴァ書房、二〇一三年、二九二頁）。

（10）ケアスティング、前掲訳書、二九四頁。

（11）ケアスティング、前掲訳書、二九五頁。

（12）マウスは、「理性の許容法則」のもとに暫定的制度の容認を強調するR・ブラントの解釈とは一線を画すものとして自身の解釈を位置づけている。マウスは、中世以来のヨーロッパの広範な法制史研究を下敷きに、カントの民主制理論をプロイセン的改良主義、保守的改良主義的なものとして捉えるのではなく、むしろ「国民主権の関心のもとでの主権の連続性」を前提にした共和制樹立の理論として高く評価するのである。

（13） カントは、物権的債権として「婚姻権（Das Eherecht）」「親権（Das Elternrecht）」「家長権（Das Hausherren＝Recht）」をあげ、それぞれの取得の権原（Titel）について説明している（VI 277–285）。この内、婚姻は婚姻同居の事実だけでは成立せず、実態は婚姻同居がないにもかかわらず、事実と反するたんなる契約だけでも成立せず、両人格の相互的占有を通じて性的に結合するという拘束性に基づいた法的帰結によって成立すると述べられる。また、親権は、親に対しては子の養育義務および子を監督し教育する権利と、子に対しては自分で生計を立てる能力を得るまでに両親に扶養されるという根源的で生得の権利を持つことで成立する。そして、家長と奉公人の関係については、契約によるが、この契約は一方的なものではなく、契約の内容の判断については「家長だけではなく、奉公人によっても下される」（VI 283）と述べている。いずれにしても、物権的債権としてあげられている三つは、当事者同士の関係として成立するのであって、他の第三者が介在した契約によってなされるのではない。

（14） Norbert Hinske, *Kant als Herausforderung an die Gegenwart*, Karl Alber, 1980, S. 74.（『現代に挑むカント』石川文康他訳、晃洋書房、一九八六年、九二頁）

（15） Mündigkeit の概念史的考察と『教育学』との関係については次の論文が詳しい。山名淳「カントの啓蒙意識に見る「導く」ことの問題――カントの「成人性（Mündigkeit）」をめぐって」『教育哲学研究59』教育哲学会編、一九八九年、八八～一〇一頁。また、次の文献も参照。Robert Spämann, Autonomie, Mündigkeit, Emanzipation zur Ideologisierung von Rechtsbegriff, in: *Erziehungswissenschaft, Zwischen Herkunft und Zukunft der Gesellschaft*, hrsg. von Siegfried Oppolzer, 1971, S. 317–324.

（16） *Die philosophischen Hauptvorlesungen Immanuel Kants, nach den neu aufgehundenen Kollegheften des Grafen Heinrich zu Dohna-Wundlacken*. hrsg. von Arnold Kowalewski, Rösl & Cie, München, 1924, S. 147f.

（17） Arnold Kowalewski,. ibid. S. 148.

（18） カントの「自立」と「成熟」概念は密接に結びついているため、第3章で紹介したハーマンによるカントの「後見人」と「成熟」についての批判は、カントの「自立」の問題についても関係してくる。
（19）マウス、前掲訳書、二六五頁。
（20）思考の自由と、言論や執筆の自由の関係については、牧野英二『遠近法主義の哲学』、一九九六年、四六〜五一頁を参照。

第5章　宗教における「宗教共同体と倫理的共同体とのアンチノミー」

第1節　『宗教論』における「隠されたアンチノミー」

本書を締めくくる第5章の目的は「宗教」に関する「隠されたアンチノミー」の所在を解明し、このアンチノミーに対するカントの取り組みの実態と解決の可能性を考察することである。第5章では、宗教共同体についてのカントの相対立する見解を明らかにし、「宗教共同体と倫理的共同体とのアンチノミー」としてこの対立を定式化する。そして、このアンチノミーの原因と解決の可能性を解明する。このアンチノミーの原因もまた、文化に対する「道徳目的論的規定」と「人間学的規定」という二つの見方の対立にある。[1]

本章は、次の順序で考察を進める。第一に、『宗教論』第三編を中心に、宗教共同体についてのカントの論述を検討する。そして、『宗教論』における「隠されたアンチノミー」を「宗教共同体と倫理的共同体とのアンチノミー」として定式化する（第2節～第3節）。後述するように、カントは一方で、不可視的教会の感性的図式として宗教共同体の必要性を主張する。しかし他方で、カントは、宗教共同体は、倫理的共同体にとって本質的に不要であるとみなしている。このような二つの評価は、不可避的にアンチノミー状態を引き起こすことになる。

第二に、「宗教共同体と倫理的共同体とのアンチノミー」に関連する先行研究を考察し、先行研究に対する筆者の立場を提示する（第4節）。関連するいくつかの先行研究では、『宗教論』にアンチノミー状態が存在することを指摘し、その解決を試みている。先行研究によるこうした指摘は、本章が取り扱う「隠されたアンチノミー」と重なる問題系である。だが、先行研究の多くは、このアンチノミーの根本的な原因と解決の可能性を説得的に示すことができなかった。筆者が見るところ、先行研究の不首尾の原因は、もっぱら「道徳目的論的規定」か「人間学的規定」のいずれかの立場に依拠し、宗教共同体の持つ二重の性格を見落としてきたことにある。筆者は、宗教共同体には「道徳目的論的規定」と「人間学的規定」という対立する二重の性格があることを認めることによって、カントの宗教論の固有性を明らかにすることができると考えている。

第三に、「宗教共同体と倫理的共同体とのアンチノミー」の解決の可能性を明らかにする（第5節）。このアンチノミーもまた、他の「隠されたアンチノミー」と同様に、現象界と叡智界の区別や概念の意味の相違を明らかにすることによっては解決できない。むしろ、このアンチノミーの解決は歴史的実践の中に求められているのだ。「宗教共同体と倫理的共同体とのアンチノミー」は、他の隠されたアンチノミーとは異なり、歴史の中で実際に解決されることはない。むしろ、このアンチノミーの解決の可能性は、宗教共同体が倫理的共同体へと移行しようとする過程で、宗教共同体が持つ歴史的なものを常に純粋宗教信仰へと接近させようと試みる「闘い（Kampf）」の継続の営みのうちに見出すことができるのである。

第2節 「感性的図式」としての宗教共同体

最初に『宗教論』の論述で、「宗教共同体」がどのように位置づけられているかを考察してゆく。カントは宗教共同体を「乗物（Vehikel）」や「可視的教会（Die sichtbare Kirche）」というように、複数の概念によって表現している。だが、筆者が見るところ、宗教共同体に対するカントの本質的な定義は「感性的図式」という概念に見出すことができる。ここで、『宗教論』第三編で述べられる倫理的共同体についてのカントの議論に着目したい。

『宗教論』の第三編は「悪の原理に対する善の原理の勝利および地上での神の国の建設」と題されている。この表題から明らかなように、第三編では悪の克服が中心テーマとして論じられている。筆者が見るところ、第一編および第二編では、根源悪の議論を前提に個人の観点から悪の克服の可能性が論じられており、第三編では人類の観点から悪の克服の可能性が論じられている。

カントは、人類の観点からの悪の克服が「倫理的共同体（ein ethisches gemeines Wesen）」の形成に基づいて行われると主張する。この主張を根拠づけるために、カントは第三編の冒頭で「法的自然状態」と「倫理的自然状態」という二つの自然状態について次のように述べている。カントの説明によれば、この二つとも「各人が自分自身に法を与えるが、しかしそれは、各人が他のすべての人々とともにその法に服していると認識するような外的な法ではない」（VI 95）自然状態を意味している。その内容を一つずつ確認してゆこう。

「法的自然状態」については、第4章で考察したように、カントは市民状態の構成要件の一つとして、他の構成員相互の法の下での平等を挙げている。市民状態を構成する各人の自由は、共同体の構成員が、それぞれ法を介して互いに強制権を持つことで制限され、こうした法の下の平等を条件として市民状態が成立する。[2] したがって、各人が外的自由を制限しないままに個々の自由を追求する「法的自然状態」は、カントにとって万人の万人に対する戦争状態である。次に「倫理的自然状態」は、この「法的自然状態」のアナロジーから理解することができる。「倫理的自然状態」も「法的自然状態」と同様に、各人の自由を制限する法が存在しない状態である。「法的自然状態」は外的自由に対して法が存在しない状態を意味する。「倫理的自然状態」は、内的自由に対する没法則状態であることを意味する。カントにとって「倫理的自然状態」とは、一切の道徳法則が存在しない状況であり、その結果、各人が持つ悪により、「たえず戦争を仕掛けられる状態であり、互いの道徳的素質を腐敗させる」（VI 97）状態なのである。

カントは、こうした「倫理的自然状態」を脱出するために「倫理的共同体」の設立が必要であると主張する。この倫理的共同体とは、行為の適法性に関わる「法律的共同体（ein juridisches gemeines Wesen）」と区別され、行為の内的な道徳性の促進に関わり、道徳法則に従う共同体である。この倫理的共同体は「徳の法則の下の共和国（ein Republik unter Tugendgesetzen）」（VI 100）、「神の民（ein Volk Gottes）」あるいは「教会」と言い換えられている。また、カントは道徳法則が実践理性に基づくものであると同時に、神の命令であるとみなしている（VI 99）。それゆえ、倫理的共同体のもとでの各人は「人民（ein Volk）」ではなく「神の民」であり、カントはこうした共同体を「国家」ではなく「教会」であると言い換えているのだ。

さらにカントは、こうした「倫理的共同体」を設立し、そこへ参入することは「独特の義務」であり、「人間の人間に対する義務ではなく、人類の人類に対する義務である」（VI 97）と主張する。「人類の義務」とは、「共同体的な善である最高善を促進する」（ibid.）義務であると述べられている。カントによれば、あらゆる理性的存在は理性理念においては「共同体的な目的へと、すなわち共同体的善である最高善を促進するようにと定められている」（ibid.）のであるが、しかし、こうした最高善は個々の人格の努力だけでは成就しない。むしろ、善き心術を持った人間たちの体系を目指す一個の全体によってのみ、「最高の人倫的善が成就されうる」（VI 97f.）と説明される。したがって、最高善を実現するための倫理的共同体の設立は、個人ではなく「人類の義務」と述べられているのである。最高善の実現を義務と見なすことについてはさまざまな解釈が存在するが、この点については後述する。[3] 宗教に関する「隠されたアンチノミー」の解明のために重要なのは、倫理的共同体についての「可視的教会」と「不可視的教会」との区別である。

カントは、倫理的共同体としての教会を「不可視的教会（die unsichtbare Kirche）」（VI 101）と呼び、それは可能的経験の対象ではないと説明する。なぜなら、倫理的共同体は「神による直接的で道徳的な世界統治下におけるすべての誠実な者の統合の理念でしかなく、これは人間がつくる教会の原像（Urbild）」（ibid.）だからである。それに対して「可視的教会」は、この「不可視的教会」を理想とする現実的な共同体である。「可視的教会」は可能的経験の対象ではない「不可視的教会」を感性化するための「図式（Schema）」とされている。このことは、「この〔可視的〕教会こそ、地上における見えざる神の国の可視的表象（図式）をなしている」（VI 131）という論述からも明らかである。

またカントは『宗教論』の別の箇所で図式の意義を「ある概念を感性的なものとの類比によって（durch Analogie）わかりやすくすること」（VI 65）であると述べている。だが、「可視的教会」を「不可視的教会」の図式とすることは、たんに理念を理解するために行われているのではない。むしろ、この世で「不可視的教会」へと接近する「可視的教会」を建設するという実践的な意図のために行われているのだ。実際、カントはこの世界で教会や宗教共同体を設立し、倫理的共同体へと「接近し続けること（eine kontinuierliche Annäherung）」を言い換えて、上述のように「地上での見えざる神の国の可視的表象（図式）」（VI 131）と呼ぶ。つまり、倫理的共同体の実現は、可視的教会という感性的図式によって試みられるのである。したがって、上述のように、倫理的共同体の設立は「人類の義務」なのだから、この義務を遂行するために、可視的教会を設立し倫理的共同体へと接近しようと試みることも「人類の義務」と言われているのだ。(4)

このような「感性的図式としての可視的教会（宗教共同体）」と「原像としての不可視的教会（倫理的共同体）」という区別に基づいて、カントは宗教共同体に対する両義的評価を下している。つまり、宗教共同体が倫理的共同体の感性的図式とされる場合には、カントは宗教共同体を肯定的に評価する。しかしカントは、宗教共同体を倫理的共同体そのものと同一視することを厳しく批判する。「感性的図式」と「原像」との厳格な区別は、決して見失われてはならない。宗教共同体が感性的図式という位置づけを逸脱する場合には、さまざまな「輝かしき悲惨」を生み出し、かえって倫理的共同体とは逆の事態へと至るのである。筆者が見るところ、『宗教論』で行われている教会批判のほとんどは、この区別に基づいて行われている。

そして、このような宗教共同体に対する両義的評価のうちに、宗教に関する「隠されたアンチノミー」が存在する。次節では、宗教共同体に対するカントの両義的評価を検討し、その評価のうちに宗教共同体に対するアンチノミー状態が存在することを明らかにしてゆく。

第3節　「宗教共同体と倫理的共同体とのアンチノミー」の定式化

前節で明らかにしたように、カントは宗教共同体を倫理的共同体に対する感性的図式と捉えている。筆者の理解では、カントはこうした立場から、純粋理性宗教は唯一であり、それに対して宗教共同体は多様でありうることを認めており、「(真の）宗教は一つだけだが、信仰の種類は複数存在する」（VI 107）と述べているのだ。つまり、カントにとって宗教とは、数多存在する宗教共同体のいずれか一つを意味しているのではなく、道徳法則を神の命令として受けとめて従う態度を意味しているのだ。カントはこうした唯一の宗教を「純粋宗教信仰」と呼ぶ。そして、歴史的経緯と歴史的諸条件に制約された宗教のあり方を「歴史的信仰」と呼び、「歴史的信仰」の多様性を認めている。

カントは、こうしたさまざまな様式を取りうる「可視的教会」の役割が「純粋宗教信仰のための乗物（Vehikel)」（VI 118）にあると見なし、それを積極的に評価する。筆者が見るところ、カントは二つの観点から「可視的教会」を純粋宗教信仰のための「乗物」とみなしている。

第一の観点は、歴史的観点である。カントは、歴史上、さまざまな形式で現れてきた宗教共同体に対する信仰を「歴史的信仰（Der historische Glaube)」と言い換えている。この観点から解釈するならば、宗教共同体におけるさまざまな経典や法規（Statuten）は歴史的なものであり、それらが普遍的に伝達される可能性は制限されている。なぜなら、純粋宗教信仰と歴史的信仰は普遍的伝達可能性という点で異なるからである。つまり、純粋宗教信仰は、理性の内なる道徳法則を神の命令として受けとめることなのだから、「純粋宗教信仰は、あらゆる人に伝達可能であり、確信させることができる」（VI 102f.）。だが、歴史的信仰は、歴史の中で生じた啓示や経典といった事実に基づくのであり、「時代的、場所的条件に従って、その信頼性をその情報の届く範囲にまでしか影響力を広めることはできない」（VI 103）のである。したがって、純粋宗教信仰に基づく「不可視的教会」は、道徳的理念および原像として、あらゆる人にとって伝達可能である。それに対して歴史的信仰に基づく「可視的教会」は、自らの歴史的制約によって、伝達可能性は制限されている。

だが、歴史的信仰が有する経典や法規が、純粋理性宗教のための道徳的なものを含んでいるならば、その限りで普遍的に伝達される可能性がある。(5) カントは、こうした歴史的な観点から、歴史的信仰と純粋理性宗教の関係について次のように述べている。

> 経験的規定根拠や法規は歴史に基づいており、教会信仰を介して善の促進へと暫定的に人間たちを統合する。しかし、最終的には宗教はそうした規定根拠や法規のすべてから徐々に解放されて、ついには純粋理性宗教が一切を統治するようになる。（VI 121）

筆者の解釈では、カントは歴史的観点から歴史的信仰が純粋宗教信仰へと移行すると見なしている。歴史的観点から見た宗教共同体の役割とは、純粋理性宗教に基づく倫理的共同体へと移行するための「乗物」と考えられているのだ。

第二の観点は、教育的観点である。歴史的信仰のさまざまな経典や法規は、それらが道徳的なものを含むものとして解釈される場合には、教育的な機能を持つ。カントは「神の御子としてのキリスト」を例として出している。歴史的信仰から見れば、「キリスト」の「贖罪」を信仰することによって、善い生き方を続けることができる。なぜなら、キリストの「贖罪」を信仰することによって、はじめて「人間の生来の腐敗」(VI 117) が贖われ、新しい生き方を始める「希望 (Hoffnung)」を持つことができるから。他方、道徳的な観点から解釈するならば、「キリスト」を「神に嘉される人間性の原像」(VI 119) として考えることは可能であり、「この理念は基準としても動機としても役立つ」(ibid.) のである。

カントは、教育的観点から「子どもと大人」という比喩を用いて、歴史的信仰に基づく宗教共同体の役割を次のように述べている。

「人間(人類)は、「子どもだった限り」では「子どもなりに賢明であった」し、人間の手を加えずに自らに課せられた教義に学識さえ結びつけ、それどころか教会に役立つような哲学すら結びつける術を心得ていた。「ところが大人になったいまは、子どもじみたものをすべて脱ぎ捨てる」のである」(VI 121f.)。その結果、「信徒と聖職者との卑屈な区別はなくなり、真の自由から平等が発現するが、かといってそれは無政府状態ではない」(VI 122 強調は原文のもの)、とカントは述べている。

この言明にみられるように、カントは教育的観点からも、歴史的信仰に基づく宗教共同体の役割を純粋宗教信仰への移行手段と見なしている。宗教共同体における経典や法規は、道徳性の陶冶のために十分に寄与した後は、「脱ぎ捨てられ」る「乗物」であると主張されているのだ。

筆者が見るところ、歴史的観点と教育的観点の二つは別個に分離されて論じられているのではなく、相互に関連して論じられている。ここで重要なのは、いずれの観点からでも、宗教共同体が「乗物」と見なされない場合には、かえって道徳性を阻害するものとして捉えられているという点にある。カントは、次のように述べている。

「聖なる伝承という幼児期の手引き紐は、法規や戒律といった付録とともに、その時は十分に役に立ったとしても、次第に不要になるばかりか、青年期に入ろうとする頃にはついには足枷となる」(VI 121)。

カントは、宗教共同体における諸々の法規や戒律が「乗物」と見なされず、純粋宗教信仰への移行という役割を果たさない場合は、「足枷」となると考えている。カントの教会批判のすべては「乗物」であるにすぎない宗教共同体が、その本質である純粋宗教信仰との位置を転倒させているという点に集約できる。カントは、宗教共同体が純粋宗教信仰のための啓発的、教育的装置であるにすぎなかった教義や戒律を自らの本質と転倒させることを「善の原理への偽奉仕(Afterdienst)」や「呪物奉仕(Fetischdienst)」と呼び、きわめて強い口調で批判する。例えば、「呪物奉仕」とは、歴史的信仰における何らかの法規を道徳的心術のための手段としてではなく、それを神に直接嘉されるために遵守しようとすることである。カントは、こうした「呪物奉仕」が「真の宗教に向かう努力をすべて台無しにしてしまう」(VI 179)と述べる。宗教共同体が不可視的教会の感性的図式ではなく、不可視的教会そのものと取り違えられてしまう場合には、「ほぼすべての道徳性と、宗教をもほとんど押しのけてしまうように思われる」(VI 180)のであり、宗教にではなく教会に服従することによって、道徳性と道徳性に根ざした純粋宗教信仰も失われてしまうのである。

以上の考察を踏まえるならば、宗教共同体に対するカントの積極的および批判的な評価のいずれもが、純粋宗教信仰の立場から整合的に行われていると解釈することも可能であり、実際そのような先行研究も存在する。(6) しかし、筆者が見るところ、宗教共同体に対するこのような両義的評価は、実はあるアンチノミー状態に陥っている。このアンチノミー状態を明らかにするためには、カント自身による純粋宗教信仰と歴史的信仰とのアンチノミーの存在を指摘することが重要である。

カントは、純粋宗教信仰と歴史的信仰の間には人間理性の「注目すべきひとつのアンチノミー（eine merkwürdige Antinomie）」（VI 116）があると指摘している。ただしカントは、すぐにこのアンチノミーは「見せかけのアンチノミー」（VI 119）であるとするため、対立する二つの命題を提示はするが、三批判書の弁証論で行ったような定立と反定立を示すことはない。

筆者が見るところ、ここでカントが提示している二つの命題の対立とその解決の仕方は、相当曖昧で見通しが悪いものである。さらに「見せかけのアンチノミー」とされるように、二つの命題は、実際には矛盾対当の関係になっていない。

ところが、筆者の解釈では、純粋宗教信仰と歴史的信仰の間には、カントが提示した「見せかけのアンチノミー」とは異なる真のアンチノミー状態が存在する。そして、その真のアンチノミーは、カントが「見せかけのアンチノミー」に対して行った不十分な解決を考察することによって、いっそう明らかになる。そこで、筆者の立場から、まずカントが「見せかけのアンチノミー」として提示した二つの命題の対立と解決を、定立・反定立・解決の形式で次のように再構成する。

定立　：歴史的信仰は、純粋宗教信仰に先立つ。この立場からは、「贖罪」への信仰が義務であり、「道徳的に生きること」は、その信仰に基づいて可能となる「恩寵」である。なぜなら、人間は生来腐敗しているから、「贖罪」が前提されないなら、道徳的に生きる希望を持つことができないからである。

反定立：純粋宗教信仰は、歴史的信仰に先立つ。この立場からは、「道徳的に生きること」が義務であり、「贖罪」が「恩寵」の事柄である。

すでに述べたように、カントに即して解釈すれば、このアンチノミーは「見せかけのアンチノミー」であって、実際には真のアンチノミー状態を表してはいない。このアンチノミーの解決の方法として、「贖罪」への信仰としての歴史的信仰は、道徳的理念に役立つ限りで「道徳的に生きること」に関係づけられている。したがってその限りでは、「贖罪」への信仰も「道徳的な生き方」も同一の実践的理念を指示している。あくまで両者を別のものとみなし、どちらかを片方の条件にしようとする際にアンチノミーが生じるにすぎない、とカントが考えている。

カントは、二つの命題が実際は対立しないものであると見なし、これは「見せかけのアンチノミーにすぎない(die Antinomie ist also nur scheinbar)」(VI 119)と語り、このアンチノミーを解消している。筆者の解釈では、この「見せかけのアンチノミー」は、「歴史的信仰」と「純粋宗教信仰」のどちらをより根本的な宗教と見なすかという立場の対立を表している。そして、このアンチノミーの解消は、二つの命題における「先立つ(vorgehen)」の意味の違いの区別によって行われている。すなわち、定立の側で「歴史的信仰は純粋宗教信仰に先立つ」と言われる場合は、「時間的」に歴史的信仰が先立つのであり、反定立の側で「純粋宗教信仰は歴史的信仰に先立つ」と言われる場合には、「論理的」に純粋宗教信仰が先立つのである。

しかし筆者の解釈によれば、カントによるこのアンチノミーの解消の仕方は、純粋宗教信仰と歴史的信仰の関係が、真のアンチノミー状態に陥っていることをいっそう明らかにしている。なぜなら、このアンチノミーの解消として行われたことは、純粋宗教信仰の論理的な先行性を示すことであった。すなわち、歴史的信仰としての

「贖罪」への信仰は、純粋理性宗教に基づいて道徳的な意図のもとで解釈される場合にのみ、その意義が認められるということを意味する。

つまり、「見せかけのアンチノミー」に対して、カントが示した解決策とは、実際には上述の定立・反定立の内の反定立側の命題のみを真とすることに他ならない。(7) だが、そもそも反定立の側のみが真であるならば、本質的には、純粋理性宗教のみが必要なのであって、歴史的信仰は必要ないことになる。したがって、先にカントが説明していた「乗物」や「感性的図式」と語られていた宗教共同体と「原像」である倫理的共同体との間には、両立しえない次のようなアンチノミーが存在することになる。

定立　：歴史的信仰に基づく宗教共同体は、倫理的共同体のための乗物として必要である。なぜなら、宗教共同体は、倫理的共同体の実現を目的とし、倫理的共同体を準備するからである。

反定立：歴史的信仰に基づく宗教共同体は、倫理的共同体のための乗物として必要ではない。なぜなら、宗教とは各人のうちなる道徳法則を神の命令と受けとめることであり、各人が自らの道徳法則に従うことでのみ、倫理的共同体は実現される。むしろ宗教共同体は、本来の目的であった倫理的共同体との位置を転倒させ、道徳性を破壊するのである。

筆者は、このアンチノミーを「宗教共同体と倫理的共同体とのアンチノミー」と呼ぶ。筆者の解釈によれば、このアンチノミーは倫理的共同体のために、本質的に宗教共同体を必要と見なすか、不要と見なすかという立場の対立を表している。

また、本書で繰り返し強調し、考察してきたようにこのアンチノミーの根底には文化に対する「道徳目的論的規定」と「人間学的規定」という二つの立場の対立が存在している。「宗教共同体と倫理的共同体とのアンチノミー」の定立の側は、「道徳目的論的規定」に基づいていると解釈できる。なぜなら、定立の側は、歴史的信仰に基づく宗教共同体がもつさまざまな経典や戒律を文化（cultus）[8]と見なし、これらを倫理的共同体のための準備として捉えるからである。これに対して反定立の側は、「人間学的規定」に基づいている。なぜなら、反定立の側は倫理的共同体のためには純粋宗教信仰のみで事足りるとみなし、歴史的信仰に基づく宗教共同体がもつさまざまな経典や戒律、文化（cultus）は、潜在的には、道徳性を破壊すると考えているからである。

したがって、「宗教共同体と倫理的共同体とのアンチノミー」もまた、「文化と道徳とのアンチノミー」を基本モデルとしており、『宗教論』に潜む「隠されたアンチノミー」なのだ。

次節では、筆者の狙いが決して恣意的な思いつきでないことを傍証するためにも、このアンチノミーに関連する先行研究の取り組みを吟味・検討する。それと同時に、先行研究の解釈の不十分さを指摘し、先行研究と筆者の相違点を明確にすることによって、筆者の見解の妥当性を裏づけてゆく。

第4節　「宗教共同体と倫理的共同体とのアンチノミー」に関連する先行研究

カントが一七九三年に公刊した四編の論文から成る『宗教論』については、実に多様な論点からの研究が行われてきた。例えば、一方では、『宗教論』に批判哲学と伝統的教義論との対決姿勢を読み解くE・トレルチやK・

バルトの歴史的研究があり、[9]他方では、『宗教論』で登場する「心術（Gesinnung）」や「選択意思（Willkür）」概念の批判哲学における位置づけをめぐるH・アリソンやJ・シルバーの解釈が存在する。また、『宗教論』の共同体論的側面に注目し、社会哲学的価値を読み解こうとする研究もある。[10]こうした論点は、主に『宗教論』で新たに登場した概念や考え方と、カントの批判哲学との相違や共通点を見定めようとする点で一致している。実際、『宗教論』で提示された概念や考えは、『人倫の形而上学の基礎づけ』や『実践理性批判』とは異なっており、この点に批判哲学の変化やあるいはトレルチの言う「妥協的性格」を看取することもできる。

筆者が見るところ、いくつかの先行研究では、「宗教共同体と倫理的共同体とのアンチノミー」に関連する問題に取り組んでいる。最初に、あらかじめ本節で提示する先行研究の立場と、筆者の立場との違いを明確にしておく。筆者の理解では、「宗教共同体と倫理的共同体とのアンチノミー」に関連する問題に取り組んでいる先行研究は、次の三つの立場に区分することができる。

第一の立場は、『宗教論』にカント倫理学の変化を認め、『実践理性批判』で確立された自律の原理に基づく批判的倫理学の立場との不一致を主張する立場である。この立場は、もっぱら批判的倫理学と『宗教論』との相違点や矛盾を強調し、批判的倫理学に基づいて、その矛盾を解釈し直すことを試みている。

第二の立場は、『宗教論』にカント倫理学の変化を認め、発展的解釈を取る立場である。この立場は主に、宗教および宗教共同体の根拠を「人類の義務」という義務概念の拡張に見出し、批判的倫理学と『宗教論』での相違点を思想の発展として解釈し直そうとする。

第三の立場は、『宗教論』にカント倫理学の変化を認めるが、批判的倫理学に基づく解釈や発展的解釈によって、その変化を整合的に解釈するのではなく、『宗教論』の中に、宗教に対するカントの異なる二つの見解が存在すると見なす。

筆者が見るところ、第一の立場および第二の立場は、宗教に対するカントの見解を「宗教共同体と倫理的共同体とのアンチノミー」での反定立の側としてのみ解釈し、定立の側の見解を積極的に評価しない。しかし第三の立場は、後述するように、定立、反定立のいずれをもカントの『宗教論』の見解として認める。筆者もまた、この第三の立場の見解を採用する。このような相対立する二つの立場が存在する点にこそ、カントの宗教哲学の固有性が存在すると筆者は考えるからだ。以上を踏まえ、三つの立場の先行研究を考察してゆこう。

まず、第一の立場は、J・シルバーの解釈によって代表される。シルバーは『宗教論』における批判哲学の変化の一つを自由概念の変化に認める。すなわち、『基礎づけ』での自由は自律としての自由であり、理性が自ら命ずる道徳法則に従う自由を意味していた。それに対して、『宗教論』では道徳法則に従わない「選択意思の自由」が登場する。シルバーの解釈では、この変化によって「自由は、自律という理性的形態だけでなく、他律という非理性的形態も有するようになった」[11]。シルバーによるこの指摘は、カントが『宗教論』で、道徳的な悪の根拠を人間の自由に見出していることに着目したものである[12]。『宗教論』では、人間の根源悪の根拠は「選択意思の自由」に求められている。根源悪とは、選択意思が格率の採用に際して、道徳法則に基づく動機ではなく、自己の幸福や傾向性に基づく動機をあえて選ぶことができる選択意思の自由そのものに結びついている[13]。

シルバーは、「自由」概念がこのように変化することにより、『宗教論』の中で、「自由」と「恩寵」が両立不可能な状態に陥っていると批判する。シルバーによるこの批判を検討するために、まず、カントによる「恩寵」概念を考察し、次にシルバーの批判的な見解を吟味・検討してゆこう。

カントは『宗教論』の中で「恩寵」を根源悪からの脱却のために不可欠なものと見なしている。根源悪は、選択意思の自由という生来の腐敗に根ざしているために、漸次的な道徳的努力によるだけでは、この腐敗は克服されない。だが人間理性は、この悪の克服を義務として命じるのだから、「なすべきであるがゆえになしうる」という論理から、それに向けた各人の個人的および共同的努力の義務と、その結果として付随する「より高次の助力」による悪の克服の可能性を希望することができる。それゆえ、カントは「より高次の助力」による人間の心の秩序の回復である「心術の革命（Revolution der Gesinnung）」（VI 47）の必要性を主張する。ここで「より高次の助力」とされた事柄が「恩寵」である。したがってカントは、道徳的義務を履行するという立場からこのような「恩寵」を不可欠なものと見なしている。

シルバーはこうした解釈に基づき、『宗教論』での「恩寵」概念が、絶対的自発性としての超越論的自由と両立できないという批判を展開する。[14] 一方では、『宗教論』の中で「恩寵」は、人間が道徳的な悪から脱却するためには不可欠のものと考えられている。しかし他方で、こうした「恩寵」は、カントの本来の立場から言えば、不必要な概念であると考えられる。なぜなら、各人の善悪は、各人自身の自由な行為によって獲得されるのであり、義務履行のためには、そもそも「恩寵」は必要ないからだ。したがって、「恩寵」と「自由」は両立しないことになる。

シルバーによれば、カントはこの矛盾に対して、アンチノミーもその解決も提示せず、「動揺しているだけ」である。カントは「恩寵」について、「なすべきことをすべてなした上で」という留保をつけているが、シルバーは「なすべきことをすべてなしたならば、恩寵はそもそも必要がない」[15] と述べ、恩寵と超越論的自由との間の矛盾を強調する。

これに対して、N・ウォルターストッフは、本章第3節で考察した「見せかけのアンチノミー」に注目して、この矛盾を解決しようとする。(16)「見せかけのアンチノミー」とは、「歴史的信仰」と「純粋宗教信仰」のいずれかを宗教の本質的部分と見なすことの対立であると同時に、「贖罪への信仰」と「道徳的な生き方」とのいずれかを義務と見なすことの対立であった。この場合、「贖罪」は道徳的に生きることを可能にする「希望」なのであるから、(17)事柄としては、生来の悪を克服させる「恩寵」と同じ意味を持つ。したがって「見せかけのアンチノミー」は、超越論的自由と恩寵との間の矛盾を取り扱ったものとして理解できる。

すでに考察したように、カントは「贖罪」と「道徳的な生き方」の事実的レベルでの先行性と論理的レベルでの先行性を区別することで、このアンチノミーは「見せかけ」であり、両命題はともに異なる領域で成り立つとして矛盾を解消している。しかしウォルターストッフは、こうしたカントの解消の仕方に反対して、「見せかけのアンチノミー」の解決は、実際には反定立の命題のみが真とされていることによって行われていると主張する。

ウォルターストッフの解釈によれば、この「見せかけのアンチノミー」の解決によって強調されていることは、伝統的教義論と批判的倫理学との共通点ではなく、「キリスト教信仰とカントの理性信仰の最も深い溝」である。すなわち、キリスト教信仰における「恩寵」とは、神の御子であるキリストの贖罪によって、万人に与えられるものであった。それに対して、カントの理性信仰における「恩寵」とは、なすべきことをなした者のみに値するものであり、これはもはやキリスト教的な「恩寵」とは異なるものである。こうしたウォルターストッフの解釈は、批判的倫理学の立場から『宗教論』と批判的倫理学とのさまざまな相違や新しい概念を整合的に理解しようとした試みと言える。

シルバーおよびウォルターストッフの解釈は、ともに「宗教共同体と倫理的共同体とのアンチノミー」における反定立の立場がカントの本来の立場であると見なす見解である。なぜなら、両者はいずれにしても、批判的倫理学の立場からのみ宗教の意義を解釈し、宗教共同体の意義については積極的に評価しないからだ。

第二の立場は、『宗教論』にカント倫理学の変化を認め、発展的解釈を取る見解である。この立場は主に、宗教および宗教共同体の根拠を「人類の義務」という義務概念の拡張に見出し、批判的倫理学と『宗教論』での相違点を思想の発展として解釈し直そうとする。

第5章第2節で指摘したように、各人の悪によって「互いの道徳的素質を腐敗」（VI 97）させる「倫理的自然状態」から脱却するために、倫理的共同体を原像とする宗教共同体の必要性をカントは主張していた。だが、倫理的自然状態とみられた悪と、人間の生来の腐敗である悪とは同一のものだろうか。

この疑問に対して、H・アリソンは、カントの説明には、悪への性向の普遍性についての形式的証明が欠けていると指摘する。[18] アリソンによれば、個人としての根源悪が、人類全体の悪の普遍性として考えられるという大胆な主張に対して、カントは演繹を行うことなく、「我々の眼前に置かれる人間の行為の経験について多数の嘆かわしい事実」を例示しているだけである。アリソンは、こうした人間学的な事実をいくら並べ立てても、この悪が広がっていることを主張するだけであり、悪への性向の普遍性の証拠とはなりえないと断ずる。

他方、A・シュヴァイツァーは、『宗教論』第一編および第二編で述べられた根源悪と、第三編で述べられた悪とは別のものではなく、「個人」と「人類」という「別の主体を前提して取り扱っている」ものであると解釈する。[19] シュヴァイツァーは、『実践理性批判』では最高善の実現可能性が叡知的世界に委ねられているのに対して、『宗教論』では、「この概念〔最高善〕は、今や彼岸と此岸の間を揺れ動く位置から解放されて、「悪の原理に対する善の原理の勝利および地上での神の国の建設」という第三編の表題にあるように、その実現の可能性はついに此岸へと結びつけられている」[20] と解釈する。したがってシュヴァイツァーによれば、『宗教論』で展開されている倫理的共同体を目指す宗教共同体の設立は、理性が命じる義務である。

ところがP・マークは、『宗教論』第三編で展開されている「人類の義務」としての倫理的共同体論を、カントの実践哲学における動機の不十分さを補うものとして解釈する。[21] この観点からは、最高善および倫理的共同体はカントの実践哲学の本質的要素ではなく、あくまで心理的な補完物としての役割を果たすにとどまる。

筆者が見るところ、これらの第二の立場の立つ諸解釈もまた「宗教共同体と倫理的共同体とのアンチノミー」における反定立の立場がカントの本来の立場であると見なしている。アリソンの解釈は、悪への性向の演繹が欠けているとすることで、普遍的な悪に対抗するための宗教共同体という定立の側の意見を退けることになる。また、シュヴァイツァーの解釈は、倫理的共同体および宗教共同体の根拠を、理性が命じる「人類の義務」として解釈するために、定立の側から主張されるような「乗物」としての宗教共同体の意義と制限を問う視点が欠けている。そして、マークの解釈では宗教共同体の意義は、「補完物」に過ぎず、本質的には不必要なものとされているからだ。

これに対して、O・ヘッフェは異なる立場に立っている。ヘッフェは『宗教論』で展開された宗教について、第一および第二の立場とは異なった解釈を試みている。ヘッフェによれば、カントの実践哲学の立場から厳密に言えば、「道徳的であるために、神の信仰は必要ではない」のであり、神を前提とし、神による因果応報を期待し、道徳法則に従おうとするのは、言うまでもなく否定される。この点では、上述の第一および第二の立場とも共通である。しかしヘッフェは、第一および第二の立場とは異なり、宗教および宗教共同体は、道徳的な生と本質的な関係を持つと考えている。

ヘッフェによれば、『宗教論』冒頭での「道徳は宗教へと至る」(VI 6) というカントの言明は、宗教が道徳の必然的帰結であることを意味している。では、道徳の必然的帰結とは何を意味するのか。ヘッフェはこの点について、「最高善を可能にするための要請は、道徳的命法という意味は持たず、洞察という意味を持つ[22]」という卓越した表現で言い表している。つまり、最高善および倫理的共同体を可能にする条件としての宗教共同体は、「本質的に不要」でも、「補完物」でもなく、実践理性が命ずるところを洞察した必然的帰結と解釈しているのである。

ヘッフェの解釈は、『宗教論』で述べられている最高善の実現あるいは地上での倫理的共同体の建設を「義務」や「補完物」として理解するのではなく、それを実践理性の立場から見た洞察と捉えることにその眼目がある。筆者が見るところ、この解釈は「宗教共同体と倫理的共同体とのアンチノミー」における定立の立場と反定立の立場の両方を認める見解を採用していると言える。なぜならヘッフェの解釈では、カントの本来の立場は、実践理性に基づく純粋宗教信仰のみを宗教と見なす反定立の側であるとしつつ、同時に定立の立場もまた、必然的なものであると見なすことに成功しているからだ。

筆者もまた、「倫理的共同体と宗教共同体のアンチノミー」における定立・反定立の二つは、いずれもカントの立場であると認める点で、この第三の立場の解釈に立つ[23]。ただし、ヘッフェの解釈によって、純粋宗教信仰の立場から見た宗教共同体の設立の必然性を説明することはできる。しかし、その同じ宗教共同体が不可避的に倫理的共同体の可能性を阻害することにもなるというカントの批判的視点を十分に説明することができない。むしろ、宗教に対するカントの二つの見解は、「文化」に対する「道徳目的論的規定」と「人間学的規定」という対立する二つの規定に基づいて理解することが適切である。言い換えれば、『宗教論』における宗教共同体を「文化」として読み換えることによって、宗教に対するカントの二つの立場を明確にすることができるのだ。

このような解釈の視点は、筆者に限ったことではない。かつてE・カッシーラーもまた、筆者と同様に、宗教共同体を「文化」と見なすことによって、宗教に対するカントの二重の立場を鮮明にすることを試みた。カッシーラーは、『カントの生涯と学説』の中で、カントの宗教哲学の「根本的学説」は純粋宗教信仰であり、歴史的信仰はそのつどの時代、社会に応じて取られる文化的諸形式であり、「補助的学説」であると解釈する。また、こうした文化的諸形式を伴った歴史的信仰を「感性的図式」であると解釈している。筆者の立場から見て重要なことは、こうした区別の解釈に基づいてカッシーラーもまた、「根本的学説」である純粋宗教信仰と「補助的学説」である歴史的信仰との間に、アンチノミーが存在することを指摘している点である。カッシーラーは次のように述べている。

我々は、宗教を純粋に倫理学の中へと解消させ、かくしてそれを独立した形象としては消滅させるのか、あるいはそれを倫理学と並立させながらも、そうすることによってまた必然的に倫理学に対立させるのかという二者択一に直面しているのを理解する。(24)

筆者の理解によれば、カッシーラーが指摘した「二者択一」は、「宗教共同体と倫理的共同体とのアンチノミー」と内容的に重なる。なぜなら、「宗教共同体と倫理的共同体とのアンチノミー」とは、倫理的共同体のために宗教共同体を必要と見なすか（定立）、不要と見なすか（反定立）という立場の対立であった。カッシーラーもまた、カントの宗教論の中に、「宗教を倫理学と並立させるのか」（定立）あるいは「宗教を純粋に倫理学の中へと解消させる」（反定立）(25)のかという二者択一を見出しているからである。すなわち、カッシーラーが指摘する二者択一とは、宗教共同体を倫理的共同体のための「乗物」として必要なものと見なし、本質である倫理と並立させるか、あるいは宗教共同体を倫理的共同体のためには不要なものと見なし、「純粋に倫理学の中へと解消」されるものと考えるかを意味しているのである。

これまで考察してきた、『宗教論』でカントが宗教に見出している特徴は、次の三つに分節化することができる。

宗教の第一の特徴とは、「根本的学説」としての純粋宗教信仰である。これはすでに考察したように、各人の理性が命じる義務を神の命令として受けとることのみを意味する。第二の特徴は、「補助的学説」としての歴史的信仰である。宗教は、それぞれの時代と地域に適した適切な文化的形式を伴うことによって、はじめて広く伝達されるものとなる。これは「感性的図式」としての宗教共同体と言い換えることもできる。第三の特徴は、「補助的学説」あるいは「感性的図式」である歴史的信仰は、「根本的学説」である純粋宗教信仰を常に転倒させる危険性を持っているということである。

カッシーラーによる上述の二者択一とは、宗教の「根本的学説」と「補助的学説」との対立であったと理解することができる。そして、カッシーラーの上述の主張は、筆者が問題にした文化に対する「道徳目的論的規定」と「人間学的規定」の二つの対立と重なる。カッシーラーもまた、『宗教論』のうちに「文化と道徳とのアンチノミー」が潜んでいることに気づいていたのである。以上の考察を踏まえて、次節では「宗教共同体と倫理的共同体とのアンチノミー」の解決の可能性を再び『宗教論』の中に探究してゆく。

第5節　「宗教共同体と倫理的共同体とのアンチノミー」の解決の可能性

本節では、「宗教共同体と倫理的共同体とのアンチノミー」の解決の可能性を探究する。すでに指摘したように「宗教共同体と倫理的共同体とのアンチノミー」とは、次の二つの命題の対立であった。

定立　：歴史的信仰に基づく宗教共同体は、倫理的共同体のための乗物として必要である。なぜなら、宗教共同体は、倫理的共同体の実現を目的とし、倫理的共同体を準備するからである。

反定立：歴史的信仰に基づく宗教共同体は、倫理的共同体のための乗物として必要ではない。なぜなら、宗教とは各人のうちなる道徳法則を神の命令と受けとめることであり、各人が自らの道徳法則に従うことでのみ、倫理的共同体は実現される。むしろ宗教共同体は、本来の目的であった倫理的共同体との位置を転倒させ、道徳性を破壊するのである。

上述したように、このアンチノミーは、倫理的共同体のために宗教共同体を必要と見なす立場と不要と見なす立場との両方が、カントの思想のうちに存在することを意味した。また、これら二つの立場は、文化に対する「道徳目的論的規定」と「人間学的規定」との二つの見方の対立に起因していた。したがって「宗教共同体と倫理的共同体とのアンチノミー」もまた、「文化と道徳とのアンチノミー」を基本モデルとする「隠されたアンチノミー」の位相の一つである。

第2章以降で考察してきた他の「文化と道徳とのアンチノミー」と同様に「宗教共同体」と倫理的共同体とのアンチノミー」もまた、現象界と叡智界の区別や両命題の中の概念の意味の相違によって解決されるものではない。「文化と道徳とのアンチノミー」の解決は、総じて歴史的実践の中に求められている。しかし、筆者が見るところ、カントは、「宗教共同体と倫理的共同体とのアンチノミー」は、他の隠されたアンチノミーとは異なり、歴史の中で実際に解決されるとは考えていない。

これまで考察してきたように、感性的図式である宗教共同体が、倫理的共同体と取り違えられてしまうこと、すなわち純粋宗教信仰ではなく歴史的信仰そのものが宗教の本質となってしまうことをカントは批判し続けていた。特に『宗教論』の第四編は「善の原理の統治のもとでの奉仕と偽奉仕について、あるいは宗教と聖職制について」と題され、宗教共同体が行う真の「奉仕（Dienst）」と「偽奉仕（Afterdienst）」とが対比されている。真の「奉仕」とは、宗教共同体が、自らの教義や経典に含まれた普遍的な理性の教説、すなわち道徳的な意味を「教育を受けていない人にさえわかりやすくし、これを普及し、普遍のものとするためのたんなる手段として」（VI 165）洗練させることである。つまり、歴史的信仰を純粋宗教信仰に役立つ適切な「乗物」とすることが、宗教共同体による「真の奉仕」と言われている。そして、この立場を強調する見解が「宗教共同体と倫理的共同体とのアンチノミー」の定立の立場である。

それに対して「偽奉仕」とは、「啓示信仰を純粋宗教信仰に先行させること」（ibid.）であり、これによって本来は手段に過ぎなかった宗教共同体の教説や戒律が「絶対的義務（命じられた信仰）」となり、宗教共同体の組織自体が「輝かしき教階制（Glanz der Hierarchie）」（ibid.）となってしまうことを意味する。筆者の理解では、この批判の立場を強調するのが「宗教共同体と倫理的共同体とのアンチノミー」の反定立の立場である。
カントは宗教共同体と倫理的共同体とのこのような転倒を防止するために、宗教共同体に対して次のような制約を与えている。

法規的規則に基づいて設立された教会は、その教会が常に純粋理性信仰（もしも、純粋理性信仰が実践的であるなら、本来的にはあらゆる信仰において宗教を成すものだから）に接近し、そして時とともに教会信仰（教会信仰の歴史的なものについて）をなしで済ますことができるという原理を含む場合にのみ、真の教会でありうる。（VI 153）

ここで述べられているのは、宗教共同体が倫理的共同体へと移行するための「乗物」として機能するための条件である。その条件とは、宗教共同体が持つ純粋宗教信仰以外の部分を「時とともに」不要なものにできることにある。表面的に見るならば、こうした言明によって、カントは歴史の過程の中で宗教共同体が倫理的共同体へと移行することを主張しているようにも思われる。しかし何よりも重要なのは、カントは歴史の中で、実際に宗教共同体が倫理的共同体へと移行すると考えてはいないことである。カントは『宗教論』第二版に自身が追記した脚注ではっきりと次のように述べている。

歴史的信仰がなくなるということはない（というのも、おそらく歴史的信仰は、乗物として常に有益であり必要だろうから）。そうではなくて、なくなりうるということである。（VI 135）

カントは歴史的信仰に基づく宗教共同体を倫理的共同体のための「乗物」とみなし、倫理的共同体への移行は果たされるべきであると考え、そうした移行の実現の可能性も認めている。しかし、カントは実際に歴史の中でその移行が実現するとは考えていない。なぜ、カントは移行の実現を認めないのだろうか。筆者の解釈では、その理由は、倫理的共同体が行為の適法性に関わる「法律的共同体」ではなく、内的な道徳性の促進に関わり、道徳法則に従う共同体だからだ。つまり、各人の内的な道徳性は洞察できないのであり、したがって、ある宗教共同体が実際に倫理的共同体となっているのか否かは、人間によっては見極められないからである。つまり、有限な理性的存在者である人間の立場からは、この移行の実現を明言することはできないのだ。

カントにとっては、宗教共同体は歴史の進歩の過程で倫理的共同体へと接近することができても、両者の間には感性界と叡智界との間に懸隔が横たわっており、歴史のある段階での移行の実現を認めることはできない。だからこそ、カントは宗教共同体が倫理的共同体へと接近しようとする歴史を「礼拝宗教信仰と道徳的宗教信仰との絶えざる闘いについての物語（die Erzählung von dem beständigen Kampf zwischen dem gottesdienstlichen und dem moralischen Religionsglauben）」（VI 124）として捉えたのである。カントにとって宗教共同体とは、歴史の中で繰り返し自らの持つ歴史的な経典や諸制度を絶えざる批判のもとにさらし、その本質である純粋理性宗教へと接近しようと試みる「闘い」(26)を継続しなければならない存在である。カッシーラーもまた、カントの「宗教論」の根本的特徴をこのような「闘い」のうちに看取している。

常に繰り返し、宗教の本来的な「根本的学説」はたんなる「補助的学説」に対立させて主張され、妥当性にもたらされなければならない。〔中略〕宗教が、その歴史的生命とその歴史的効果を持つのは、まさにこの闘いにおいてである。(27)

したがって、筆者は、宗教共同体の歴史的なものが、純粋宗教信仰へと接近しようと試みる永遠の闘いこそが、宗教の歴史的運命であり、「宗教共同体と倫理的共同体とのアンチノミー」の解決の可能性であると解釈する。

以上の考察を踏まえて、本章での結論を簡潔に要約するならば、次の主要な四点に集約することができる。第一に、J・シルバーをはじめ、いくつかの先行研究が指摘してきたように、『宗教論』の中にはカントの批判的倫理学と矛盾する見解があり、その矛盾を「宗教共同体と倫理的共同体とのアンチノミー」として定式可能であることを明らかにした。第二に、ヘッフェが指摘したように、カントには宗教共同体に対する二重の見解があり、このアンチノミーの定立と反定立の両命題はともに真であることを解明した。第三に、このアンチノミーの原因は、文化に対する「道徳目的論的規定」と「人間学的規定」というカントの二つの立場の対立に起因していることを明らかにした。第四に、「宗教共同体と倫理的共同体とのアンチノミー」の解決の可能性は、歴史的実践の中に求められるが、歴史上のどこかで実際に解決されるものではなく、むしろ歴史の中で宗教共同体を純粋宗教信仰へと接近させ続けようとする「闘い」のうちにのみ存在することを明らかにした。

「宗教共同体と倫理的共同体とのアンチノミー」の解決の可能性として、ここで示されたカントの論理はきわめて重要である。なぜなら、カントが人間理性の運命であると述べた「アンチノミー」の解決は、歴史の中での永続的な闘いとしてのみ可能であると解釈できるからだ。言い換えれば、「隠されたアンチノミー」の解決は、「なすべきであると意識しているゆえに、なすことができる」（V 30）のではなく、「なすべきであるゆえに、なすことができる。ただし、それは必ずしも歴史のある一点で実現できるのではない。その実現のためには、文化を継承する中で、永遠の闘いを続けなければならない」という命題に基づいて考えられていると理解すべきなのだ。

注

(1) 本書では、'Gemeines Wesen' を一貫して「共同体」と訳している。理想社版『カント全集』や岩波版『カント全集』では、この言葉は「倫理的公共体(ein ethisches gemeines Wesen)」のように、「公共体」と訳されている。だが、小倉志祥は、この言葉を一貫して「共同体」と訳している。小倉は『カントの倫理思想』の中で、一七七〇年の『感性界と叡智界の形式と原理』での叡智界論が『純粋理性批判』諸々の箇所の下敷きになっているという解釈を試みている。そこで小倉は、カントの「コンメルキウム(Commercium・交互作用)」という概念に注目している。小倉説によれば、カントにとって、ゲマインシャフトという言葉は communio と commercium という二つの意味を含むのであり、このうち真にゲマインシャフトと呼ばれるべきは commercium である。コンメルキウムとは、力学的(異質なものの間)の交互作用を意味し、コンメルキウムがなければ、場所的共存(communio spatii)でさえも経験的に認識されないと解釈している。つまり、小倉説によれば、経験的に認められるあらゆる共同体(ein gemeines Wesen も含む)には、異質なものの間の力学的な交互作用(コンメルキウム)、すなわち共同体が前提とされるのであり、この本来の構成員である諸人格による倫理的共同体の建設が「人類に対する人類自身に対する特殊な義務」(VI 97)とされる。したがって小倉は ein gemeines Wesen を「共同体」と訳している(詳しくは、小倉志祥『カントの倫理思想』東京大学出版会、一九七二年、特に一六七頁以下、四三六頁を参照)。筆者は上記の小倉説に従い、またカントの批判哲学が最終的に道徳神学に至る体系的観点から見ても、神との交わり・交際などの意味を含む 'Gemeinschaft' の概念の重要性に着目して、本章では「公共体」という訳語ではなく、

'Gemeines Wesen' を含む 'Gemeinschaft' の訳語として「共同体」を採用した。
（2）第4章第2節を参照。
（3）この点については、第5章第4節を参照。
（4）『宗教論』第四編の冒頭でカントは第三編を振り返り、教会を設立することは人間の義務であると述べている。「神の国は教会という感性的な形式で表される。それゆえ、教会を準備することは、人間に委ねられ、要求された仕事であり、それを設立することは人間の義務でもある」（VI 151f.）。
（5）すでに『純粋理性批判』でも、たんなる教義的信仰としての「理説的信仰」と「道徳的信仰」との区別が行われている（B 855）。
（6）宇都宮芳明『カントの啓蒙精神』岩波書店、二〇〇六年、一八七〜一九〇頁。
（7）「見せかけのアンチノミー」の解消が、実際は反定立のみを真としていることについては、第5章第4節で紹介する先行研究でも指摘されている。本章の注（16）を参照。
（8）『宗教論』の中で、カントは宗教共同体がもつさまざまな経典や法規、儀式を「cultus」と呼び換えている。「Kultur（文化）」の語源は、ラテン語の cultura および cultus であり、両者は同じ「耕す」という意味である。しかしながら、「cultura — Kultur」がその意味を「cultura animi」というように、人間の心の開発や諸能力の開化といった用法に展開されるのに対して、「cultus — Kult」は「礼拝」や「祭祀」といった宗教的文脈にその意味を限定する。Wilhelm Wundt, *Völkerpsychologie : eine Untersuchung der Entwicklungsgesetze von Sprache, Mythus und Sitte*. Bd. 10, Alfred Kröner, 1920. 筆者が見るところ、カントは『宗教論』の中で、特に純粋宗教に対する宗教共同体の経典や儀式等を「cultus」というラテン語表記のままで用いている。したがって、宗教共同体における cultus を文化と呼ぶことも可能である。なお、『宗教論』で「cultus」が用いられる箇所（VI 106, 115, 153）はすべて純粋宗教に対する「教会信仰」を批判するときに使用されている。なお、「Kult (us)」とドイツ語表記される場合には必ずしも批判的な文脈での使用に限らない。J・ボハティックは、適法的行為と根源悪を重ね合わせ、教会における文化を通して、根源悪が顕在化されると解釈している。彼の解釈によれば、根源悪は「文化の悪徳として、さらにそれが徹底化された悪魔的悪徳として、人間社会において現れる」のである。Josef Bohatec, *Die Religionsphilosophie Kants in der "Religion innerhalb der Grenzen der bloßen Vernunft": Mit besonderer Berücksichtigung ihrer theologisch-dogmatischen Quellen*, Hoffman und Campe, Hamburg, 1938. Nachdruck, Georg Olms. 1996, S. 399.

（9）トレルチは、カントの宗教論の出版状況に関して、特にヴェルナーとの検閲に対する関係から、この著作が「妥協的性格」を持つものであることを指摘しつつ、『宗教論』の論争的、歴史的性格を浮き彫りにしている。また、K・バルトは、当時のネオローゲンたちと神学者たちとの正統派の教義論争に対するカントの冷ややかな評価を『宗教論』に見出し、カントの理性宗教に、こうした論争との対決的性格を見出している。実際、カントもさまざまな自然学的知見を駆使しつつ、しかしあくまで理性信仰の立場に定位して、聖書の道徳的解釈に取り組んでいる（XXIII,106f.）。また、『宗教論』の成立の経緯についてはK・フォアレンダーおよびB・スタングネスによる序文（Karl Vorländer, Immanuel Kant, *Die Religion innerhalb der Grenzen der bloßen Vernunft*, hrsg. von Karl Vorländer, Meiner, 1922. / Bettina Stangneth, Immanuel Kant, *Die Religion innerhalb der Grenzen der bloßen Vernunft*, hrsg. von Bettina Stangneth, Meiner, 2003）および、岩波版カント全集10巻の訳者北岡武司による解説を参照。Ernst Troeltsch, Das Historische in Kant's Religionsphilosophie, 1904. in: *Kant-Studien* IX. Walter de Gruyter, S. 21-154. Karl Barth, *Die protestantische Theologie im 19. Jahrhundert*, Evangelischer Verlag, Zürich, 1947.

（10）これらの諸研究の内容についての考察は、後述する。John R Silber, The Ethical Significance of Kant's Religion, in Immanel Kant, *Religion Within the Limits of Reason Alone.* Haper & Row, 1960, pp. lxxix-cxxxiv. Allen W. Wood, *Kant's Moral Religion*, Cornell University Press, 1970.

（11）J. Silber, 1970, p. cxxxviii.

（12）K・バルトも『宗教論』での根源悪論に批判哲学の変化を認め、次のような有名なコメントを残している。「これまでカント倫理学を学んできたものならば、確実に予測しなかったものと、彼の宗教論で出会うことになるだろう。それは、悪の問題の詳細な理説である」。Karl Barth, *Protestant Thought: From Rousseau to Ritschl*, trans.

Brian Cozens, Haper & Brothers, 1959, p. 176. バルトが「確実に予測しなかった」と評したとおり、この根源悪という概念は多くの読者に動揺を与えてきた。こうした「動揺」の代表的なものとして、シラーの書簡を紹介しておく。シラーは、一七九三年の二月二八日付のケルナー（Christian Gottfried Körner）宛書簡の中で次のように述べている。「あなたも同様であろうと思いますが、カントのこの著作〔『宗教論』〕の最初の原理の一つは、私の感情を拒絶へと駆り立てました。カントは、人間には根源悪と呼ばれる、悪へと向かう心の性向が存在すると主張しており、この悪は、感性への刺激とは全く区別されるだろうと述べているのです」。Friedrich Schiller, *Briefwechsel Schillers Briefe 1. 3. 1790.–17. 5. 1794.* in: *Schillers'Werke*, Bd. 26. Hrsg. von Edith Nahler und Horst Nahler. Hermann Böhlaus Nachfolger, Weimar, 1992, S. 219.

（13）R・バーンスタインは、カントから二〇世紀の哲学にまで至る「根源悪の系譜」を詳らかにしつつ、一方では、カントが人間の「根源悪」を選択意思の自由に根ざしていると見なした点を評価する。というのも、こうした見方は、社会の構造や、国民全員に等しく責任を負わせるような集団的帰責を認めず、どこまでも帰責の主体を個人に置くものであると解釈することができるからである。だが他方で、バーンスタインは、「根源悪」および悪に関するカントの議論には、善を語るそれと対比して、多くの概念や枠組みの欠落があると指摘している。Richard J. Bernstein, *Radical Evil. A Philosophical Interrogation*, Blackwell Publishers Ltd, 2002.（R・バーンスタイン『根源悪の系譜』阿部ふく子他訳、法政大学出版局、二〇一三年）。

（14）J. Silber, 1970, p. cxxxi.

（15）J. Silber, 1970, p. cxxxiii.

（16）Nicholas P. Wolterstoff, Conundrums in Kant's Rational Religion, in: *Kant's Philosophy of Religion Reconsidered*, eds. Philip J. Rossi and Michael Wreen, Indiana University Press, 1991, pp. 40–53.

（17）第5章第3節を参照。

（18）Henry E. Allison, *Kant's Theory of Freedom*, Cambridge University Press, 1990, pp. 154. また、M・ヴィラシェックやM・デスプラントは、『宗教論』におけるカントの悪の議論および人間本性の分析が、経験的・人間学的洞察に依拠していると指摘している。Marcus Willaschek, *Praktische Vernunft, Handlungstheorie und Moralbegründung bei Kant*, J. B. Metzler, 1992, p. 152. Michael Despland, *Kant on History and Religion*, Mcgill-University Press, 1973, p. 205.

(19) Albert Schweitzer: *Die Religionsphilosophie Kants: von der Kritik der reinen Vernunft bis zur Religion innerhalb der Grenzen der bloßen Vernunft*, Geolg Olms, 1974, S. 185f.（アルベルト・シュヴァイツァー『カントの宗教哲学』シュヴァイツァー著作集、第15巻、四二～四三頁）。

(20) A. Schweizer, ibid., S. 195.（シュヴァイツァー、前掲訳書五七頁）。

(21) Packer Mark, The highest good in Kant's Psychology of Motivation, in: *Idealistic Studies* 13, May, 1983, pp. 110–119.

(22) Otfried Höffe, *Immanuel Kant*, C. H. Beck'sche Verlagsbuchhandlung, 1983, S. 249.（オットフリート・ヘッフェ『イマヌエル・カント』藪木栄夫訳、法政大学出版局、一九九一年、二六七頁）。

(23) またこうした第三の立場をとる解釈として、M・キャスウェルによる研究も加えることができる。M・キャスウェルによれば、最高善および倫理的共同体の設立は、有徳な心術が自己の目的として採用するものである。Matthew Caswell, Kant's conception of the Highest Good, the Gesinnung, and the Theory of Radical Evil, in: *Kant-Studien* 97. Walter de Gruyter, Jahrgs. 2006, S. 184–209.

(24) Ernst Cassirer, *Kants Leben und Lehre*, Verlag von Bruno Cassirer, Berlin, 1977. S. 411.（E・カッシーラー『カントの生涯と学説』門脇卓爾等監修、みすず書房、一九八六年、四〇六頁）。

(25) この定立と反定立は、筆者の区分による。「宗教共同体と倫理的共同体とのアンチノミー」と対応するかたちで、カッシーラーの「二者択一」を定立と反定立に分節した。なお、カッシーラーはカント『宗教論』でのアンチノミーについて、次のようにも述べている。「一面において、宗教の本質の感性的「図式論」がその本質と不可分離的であると同時に不可避的に措定される。宗教が図式論を放棄しようとすれば、宗教は宗教それ自身であることを廃棄するであろう。しかし他面においては、まさにこの契機は宗教にとって、それの最も深く最も根源的な内実を絶えず危険に晒すことを意味する。すなわち宗教は自らを無批判に図式論に引き渡すや否や、それは自分の根本的な特性に対立するものの中へと自らが必然的に転倒させられているのを理解する」(E. Cassirer, ibid., 1977, S. 411. E・カッシーラー上掲訳書、四〇六頁)。本文で述べているように、筆者の解釈では、カッシーラーがここで述べているアンチノミーは、「宗教共同体と倫理的共同体とのアンチノミー」と明らかに重なっているように思われる。

(26) ここでの「闘い」(Kampf) は、カントの批判期の文献では、『永遠平和のために』や『人倫の形而上学』などで多用されるような「戦争・争い・闘争」(Krieg) とは根本的に区別され使用されている。たしかにカントは、「闘い」(Kampf) を「戦争・争い・闘争」(Krieg) とほぼ同義的に使用する場合もある。他方、少数ではあるが「人間の支配をめぐる善の原理と悪の原理との闘い」(VI 57) のように、宗教上の悪と善の対立に関する両原理の「闘い」という特別な意味で使用される場合もある。したがって、ここでの「闘い」(Kampf) は、現実の政治的な「戦」、「戦争・争い・闘争」とは異なり、どこまでも後者の意味で使用されていることに十分注意する必要がある。この問題は、根本的には、本書の主題である「隠されたアンチノミー」の解決の方法にもかかわる課題でもあることを示唆しておく。

(27) E. Cassirer, ibid, 1977, S. 411–412. (E・カッシーラー上掲訳書、四〇七頁)。

結論

以上の考察により、本書は序論で提起した四つの課題を解決してきた。第一に、カントの批判哲学の中で、文化（Kultur）と道徳（Moral）との関係がアンチノミー状態として存在する事実を明らかにし、これを「文化と道徳とのアンチノミー」として定式可能であることを解明した。また、「文化と道徳とのアンチノミー」を基本モデルとした「隠されたアンチノミー」が、カント哲学の体系のうちで、「教育」「立法」「宗教」という三つの位相で形成されていることを解明した。第二に、これらの「隠されたアンチノミー」に対するカントによる解決の取り組みと、この問題に関連する先行研究を吟味・検討し、批判哲学の中で「隠されたアンチノミー」が生じる原因を解明した。その結果、批判哲学には「道徳目的論的規定」と「人間学的規定」という、二つの異なる方向性から文化を論じる立場が存在し、「文化と道徳とのアンチノミー」がこれら両立場の対立に起因することを明らかにした。第三に、「教育」「立法」「宗教」で形成される「隠されたアンチノミー」の存在と解決の可能性を提示した。第四に、「隠されたアンチノミー」に取り組むカントの思索の両義的立場とともに、「文化と道徳とのアンチノミー」に関連する批判哲学の歴史的意義を解明した。

最後に、本書の考察の成果を各章ごとに簡潔に回顧し、その成果の今日的意義について述べてゆく。

第1章では、カントのアンチノミー論の研究史を吟味・検討し、従来のアンチノミー研究の成果と課題を探究した。その結果、カントのアンチノミー概念が登場する場面が、純粋に理論的な問題からより具体的で実践的な問題へと変化し、その定式と内容についても変化が生じていることを解明することができた。

第2章では、『判断力批判』の方法論の中で、文化と道徳との関係がアンチノミー状態にあることを明らかにし、この関係を「文化と道徳とのアンチノミー」として提示した。そして、このアンチノミーの原因と意義について考察した。その結果、批判哲学の中に文化に対する「道徳目的論的規定」と「人間学的規定」という二つの異なる立場が存在し、このアンチノミーが、この両立場の対立に起因することを明らかにした。さらに「文化と道徳とのアンチノミー」は、第3章以降に展開された「隠されたアンチノミー」の基本モデルであることを論証した。

第3章では、「教育」における「隠されたアンチノミー」が「自由と強制とのアンチノミー」として定式可能であることを明らかにした。また教育における「隠されたアンチノミー」は、「個人の教育」および「人類の教育」という二つの観点から考察できることを論証した。「自由と強制とのアンチノミー」とは、「個人の教育」に関するアンチノミーであり、カントの段階的教育論の最終段階である「道徳化」についてのアンチノミーであった。このアンチノミーは、道徳教育のために強制が必要であると見なす立場と、道徳教育のためには強制は不要であると見なす立場との矛盾・対立であった。「人類の教育」に関するアンチノミーとは、教育の理論や技術の継承と進歩についてのアンチノミーであった。このアンチノミーは、教育の技術や理論を継承することが可能であり、この継承によって「人類の教育」の実現が可能であると見なす立場と、教育の技術や理論を継承することは不可能であり、「人類の教育」の実現が不可能であると見なす立場との矛盾・対立であった。また筆者は、「教育」における「隠されたアンチノミー」の原因が、文化に対するカントの相対立する二つの立場にあることを明らかにした。そして「教育」におけるこのアンチノミーの解決の可能性は、カントの教育思想における「理性の開化」と「実験としての教育」という考え方に見出すことができるという結論に達した。

第4章では、「法」における「隠されたアンチノミー」が「自立と平等とのアンチノミー」として定式可能であることを明らかにした。このアンチノミーは、カントが市民社会の成立要件として提示した「自由」「平等」「自立」という理念のうち、「平等」と「自立」の概念との間で生じた。このアンチノミーは、法制度の発展によって平等が促進されると見なす立場と、法制度の発展によって平等が侵害されると見なす立場との矛盾・対立であった。また筆者は、「自立と平等とのアンチノミー」の原因も、文化に対するカントの相対立する二つの立場にあり、このアンチノミーの解決の可能性が、カントの歴史哲学における「言論の自由」の働きに見出しうることを解明した。

第5章では、「宗教」における「隠されたアンチノミー」が「宗教共同体と倫理的共同体とのアンチノミー」として定式可能であることを明らかにした。このアンチノミーは、『宗教論』における宗教共同体の意義に関するアンチノミーであった。このアンチノミーは、宗教共同体が人間の道徳的進歩のために必要であると見なす立場と、宗教共同体は人間の道徳的進歩のためには不要であり、むしろ道徳性を破壊しうるものであると見なす立場との矛盾・対立であった。また、筆者はこのアンチノミーの原因も、文化に対するカントの相対立する立場にあることを論証し、このアンチノミーの解決の可能性を探究した。その結果、このアンチノミーは他の「隠されたアンチノミー」とは異なり、実際の歴史では解決されないことが明らかになった。このアンチノミーの解決の可能性は、歴史の中で、宗教共同体が倫理的共同体へと接近しようと試みる継続的な「闘い」の中にのみ考えうるのである。

本書が試みてきた、三つの位相における「隠されたアンチノミー」とその解決の可能性の吟味・検討は、同時にカントの批判哲学の今日的意義の一端を解明することにもつながっている。なぜなら、「隠されたアンチノミー」とは、カントの批判哲学の内部でのみ生じ、完結する課題ではないからである。「隠されたアンチノミー」の原因とは、理性が文化に対してとる「道徳目的論的規定」と「人間学的規定」という二つの異なる立場の対立にある。したがって人間が理性的思考を行なう限り、カントの時代に限らず、どの時代でも「文化と道徳とのアンチノミー」に陥り、そのつどさまざまな位相の「隠されたアンチノミー」に直面している。このことは、カントの表現を用いれば、人間理性の不可避の運命なのである。また、「教育」「立法」「宗教」における「隠されたアンチノミー」の解決の可能性として、「教育」に関しては「理性の開化」および「実験としての教育」が、「立法」に関しては「言論の自由」が、「宗教」に関しては、「倫理的共同体へと接近し続けるための闘い」が、批判哲学の中で重要な意義を持つことを解明してきた。このような本書で明らかになった一つ一つの「隠されたアンチノミー」の原因とそれに対する解決の取り組みもまた、教育哲学、法哲学、宗教哲学にあらたな見解を提示しているという点で、批判哲学の今日的意義を示していると言えよう。

総じて言えば、これらの「隠されたアンチノミー」の解決の可能性として明らかにされた諸概念は、いずれも公開的原理として機能するという共通点を持っている。「理性の開化」および「実験としての教育」は、子どもおよび他者からの自由な批判を認める点で教育に公開的な性質を与える。「言論の自由」は、自由な言論を市民社会の基礎とする点で、法制度の発展の原理に公開的な性質を与える。そして「倫理的共同体へと接近し続けるための闘い」は、宗教共同体を常に非完結的なものであると見なす点で、倫理的共同体を目指す宗教に公開的な性質を与えるのである。カントは政治制度の進歩の原理として「公開性」(Publizität)の重要性に着目し、それを抵抗権の代わりに据えていた。「他のひとびとの権利に関係するすべての行為のうちで、その格率が公開性と調和しないものは不正である」(VII 381)、と。したがって、「教育」「立法」「宗教」における公開的原理として機能する諸概念は、カントのこのような「公開性」(Publizität)の概念と類比的な意味で、「教育」「立法」「宗教」におけるアンチノミーを解決し続ける原理としての働きを有していると言える。

文化の中心に位置する「教育」「立法」「宗教」における「隠されたアンチノミー」は、今日でも人類が直面する解決困難な課題である。「教育」については、今日のグローバリゼーションに伴う多様性が共存する社会において、既存の国家や学校が担ってきた公教育の限界が指摘され、他方で市場原理に基づく教育の格差の問題も指摘されている。「立法」については、教育と同様に、民主主義およびそれに基づく法が担ってきた公共性そのものに対する限界に関して対立する立場からさまざまな議論がされている。「宗教」については、ますます激化する宗教紛争が象徴するように、宗教は今日でも、より強固に人々を連帯させる一方で、同時に人々の連携を分断し融和し難くさせている。これらは、いずれも文化の進歩による「輝かしき悲惨」の一種と言えるだろう。したがって本書で取り組んだ「隠されたアンチノミー」とその原因の究明および解決に向けた探求は、人類の普遍的な課題なのである。

したがって批判哲学における「隠されたアンチノミー」とその解決の取り組みは、哲学的な文化批判の営みとして今日でも意義を有するはずである。なぜなら、「隠されたアンチノミー」とは、文化の進歩と道徳性の完成に向けた人間の営みが継続される限り、人間理性の不可避の運命であり、このアンチノミーの解決に向けて公開的かつ批判的に探究することが人間理性の永続的な課題であり、人間の使命なのだから。

あとがき

本書は、二〇一七年三月に法政大学大学院人文科学研究科より博士（哲学）の学位を授与された博士論文「隠されたアンチノミーとその解決――カントにおける文化の進歩と道徳について」を加筆・修正したものである。本研究は、カント哲学の研究だが、教育、法、宗教といった人間の文化的事象についての哲学的考察をその内容としており、今日にも通じる哲学的・倫理的問題に取り組んでいる。

本書の核となる「隠されたアンチノミー」というテーマは、序論でも触れたように、『純粋理性批判』の「人間理性の奇妙な運命」についての叙述から着想を得た。理性は伝統的形而上学におけるある種の問いを前にすると自己矛盾に陥らざるをえない「奇妙な運命」を抱いている、というのがカントの診断であった。だが、人間が矛盾に陥らざるをえないのは、何も伝統形而上学のテーマに向かいあう時だけではない。私たちは、各人の人生においても、そして現代社会においても、どうしようもなく矛盾に満ちた現実の中に立たされる。特に現代社会は、グローバル化によってさまざまな価値や制度が流動化するなかで、解決不可能と思うほどに複雑化した対立や衝突が山積している。「隠されたアンチノミー」とは、理性的思考は、教育や法や宗教という文化・文明的な現実的事象に対して常に「アンチノミー」と向き合わざるえない「運命」を背負っていることを意味している。私たちは、生きる中で、これらの矛盾に耐え抜き、矛盾の中で闘ってゆかねばならないのだ。

こうした研究を継続し、本書を刊行するに至るまでに、筆者は多くの方々から支えられてきた。すべてではなく、ごく一部になってしまうが、お世話になった方々への謝辞を記したい。まず博士学位論文の主査であり、指導教授であった牧野英二先生（法政大学）にお礼申し上げたい。牧野先生には、学部時代よりさまざまに指導をしていただいた。とりわけ常に現実の時代、社会の問題を見据えて哲学的思考を紡ぐことを、牧野先生の姿を通して学ばせていただいた。先生と出会うことがなければ、本書の研究は形になることはなかっただろう。ここに心からお礼申し上げたい。学位論文の副査を務めていただいた菅沢龍文先生（法政大学）、小野原雅夫先生（福島大学）、予備審査の副査を務めていただいた内藤淳先生（法政大学）にも心からお礼申し上げたい。学位論文について、それぞれの先生からは貴重なご助言をいただいた。また、大学院時代にお世話になった鹿島徹先生（早稲田大学）にもお礼申し上げたい。鹿島先生からの啓発的な問いに触発されて、私は研究を進めることができた。次に、森村修先生（法政大学）、鵜澤和彦氏（法政大学）、伊藤直樹氏（法政大学）、山本英輔氏（金沢大学）、齋藤元紀氏（高千穂大学）、近堂秀氏（法政大学）、相原博氏（法政大学）、田島樹里奈氏（法政大学）、高屋敷直広氏（法政大学）をはじめとする、牧野ゼミの先輩・後輩の皆さんにお礼申し上げる。牧野ゼミでの議論を通じて、本書は彫琢されていった。また、ここには名前を記すことはできないが、筆者を支えてくれた多くの方々にあらためてお礼申し上げる。

なお本書は、二〇一八年度法政大学大学院博士論文出版助成を受けて出版されたものである。本書の出版を引き受けてくださった、法政大学出版局の郷間雅俊氏にお礼申しあげる。

最後に、筆者を支援し、支えてくれた家族に感謝を伝えたい。昨年、逝去した父・至に本書を献じる。

二〇一八年一〇月

大森　一三

初出一覧

第1章　「カント哲学における文化と自律——カントにおける文化批判の理論の可能性」、法政哲学会編『法政哲学』第八号、二〇一二年、所収。

第2章　「カントにおけるKultur概念の環境倫理学的解釈の試み」、日本カント協会編『日本カント研究10』、二〇〇九年、所収。

第3章　「カント教育論における自由と開化のアンチノミー」、日本カント協会編『日本カント研究12』二〇一一年、所収。

「カント「教育論」における「道徳化」の意味とその射程——「理性の開化」と「世界市民的教育」の関係」、教育哲学会編『教育哲学研究』第107号、二〇一三年、所収。

第4章　「カントの『理論と実践』における自立のアンチノミー」、『法政大学文学部紀要』第71号、二〇一五年、所収。

第5章　「カント『宗教論』における根本悪と社会哲学」、『法政大学大学院紀要』第62号、二〇〇九年、所収。

「カント『宗教論』における宗教と文化の関係について——「見えざる教会」と信仰の二重性」、『法政大学大学院紀要』第65号、二〇一〇年、所収。

参考文献一覧

一次文献

Kant, Immanuel: *Kants gesammelte Schriften*, hrsg. von der Königlich Preußischen Akademie der Wissenschaften, Berlin 1900ff.

—— *Kritik der Urteilskraft*, mit einer Bibliographie. von Heiner F. Klemme, Hamburg, Meiner, 2001.

—— *Erste Einleitung in die Kritik der Urteiskraft*, hrsg. von Gerhald Lehmann. – 2. Aufl. – Hamburg, Meiner, 1970.

—— *Immanuel Kants Werke*, hrsg. von Ernst Cassirer, Band VIII, verlegt bei Bruno Cassirer, Berlin, 1923.

—— *Die philosophischen Hauptvorlesungen Immanuel Kants, nach den neu aufgefundenen Kollegheften des Grafen Heinrich zu Dohna-Wundlacken*. hrsg. von Arnold Kowalewski, Rösl & Cie, München, 1924.

—— *Die Religion innerhalb der Grenzen der bloßen Vernunft,* hrsg. von Karl Vorländer, Meiner, 1922.

—— *Die Religion innerhalb der Grenzen der bloßen Vernunft,* hrsg. von Bettina Stangneth, Meiner, 2003.

二次文献

(1) 外国語文献

Alison, Henry E.: *Kant's Theory of Freedom,* Cambridge University Press, 1990.

—— *Kant's Theory of Taste – A Reading of the Critique of Aesthetic Judgment*, Cambridge University Press, 2001.

Auxter, Thomas: *Kant's Moral Teleology*, Mercer University Press, 1982.

Barth, Karl: *Die protestantische Theologie im 19. Jahrhundert,* Evangelischer Verlag, 1947.

—— *Protestant Thought: From Rousseau to Ritschl,* (trans. Brian Cozens) Haper & Brothers, 1959.

Bartuschat, Wolfgang: *Zum systematischen Ort von Kants Kritik der Urteilskraft,* Vittorio

Klostermann, 1972.

Beck, Gunnar: Autonomy, History and Political Freedom in Kant's Political Philosophy, in: *History of European Ideas,* vol. 25, Taylor & Francis, 1999, pp. 217–241.

Beck, Lewis W.: *A Commentary on Kant's Critique of Practical Reason*, The University of Chicago Press, 1960.（『カント『実践理性批判』の注解』藤田昇吾訳，新地書房，1985年）

Bennner, Dietrich/Göstemeyer, Karl F.: Postmoderne Pädagogik. Analyse oder Affirmation eines gesellschaftlichen Wandels? In: *Zeitschrift für Pädagogik. 33.* 1987, S. 61–82.

Bernstein, Richard J.: *Radical Evil. A Philosophical Interrogation,* Blackwell Publishers Ltd, 2002.（『根源悪の系譜』阿部ふく子他訳，法政大学出版局，2013年）

—— *Beyond Objectivism and Relativism: Science, Hermeneutics, and Praxis*, University of Pennsylvania Press, 1983.（『科学・解釈学・実践Ⅱ』丸山高司他訳，岩波書店，1990年）

Bojanowski, Jochen: *Kants Theorie der Freiheit, Rekonstruktion und Rehabilitierung*, Walter de Gruyter, 2006.

Bobko, Aleksander: The Relationship between Ethics and religion in Kant's Philosophy, in: *Recht und Frieden in der Philosophie Kants, Akten des X. Internationalen Kant-Kongresses*. Herausgegeben von Valerio Louden, Ricardo R. Terra und Guido A. de Almeida und Margrit Ruffing, Walter de Gryuter, 2008, S. 53–62.

Bohatec, Josef: *Die Religionsphilosophie Kants in der "Religion innerhalb der Grenzen der bloßen Vernunft": Mit besonderer Berücksichtigung ihrer theologisch-dogmatischen Quellen,* Hoffman und Campe, 1938. Nachdruck, Georg Olms. 1996.

Bollnow, Otto F.: Kant und Pädagogik, in: *Westermanns Pädagogische Beitrage,* Braunschweig, 1954, S. 49–55.

Brandt, Reinhard: "Das Erlaubnisgesetz, oder: Vernunft und Geschichte in Kants Rechtslehre", in: *Rechtsphilosophie der Aufklärung: Symposium Wolfenbüttel 1981,* Walter de Gruyter, 1982, S. 233–285.

—— The Deduction in the Critique of Judgement: Comments on Hampshire and Horstmann, in: *Kant's Transcendental Deduction. The Three 'Critiques' and the 'Opus postumum'*, Stanford University Press, 1989, pp. 177–190.

Cagle, Randy: Becoming a Virtuous Agent: Kant and the Cultivation of Feelings and Emotions, in Kant-Studien 96, Walter de Gryuter, 2005, 452–467.

Cassirer, Ernst: *Kants Leben und Lehre,* Verlag von Bruno Cassirer, 1977.（『カントの生涯と学説』門脇卓爾・高橋昭二・浜田義文監修，みすず書房，1986年）

Caswell, Matthew: Kant's conception of the Highest Good, the Gesinnung, and the Theory of Radical Evil, in: *Kant-Studien* 97, Walter de Gruyter, 2006, S. 184–209.

Cavallar, Georg: Sphären und Grenzen der Freiheit: Dimensionen des Politischen in der

Pedägogik, in: *Kant – Pedägogik und Politik*, Ergon, 2005, S. 61–79.

Derrida, Jacques: *Foi et savoir. Les deux sources de la « religion » aux limites de la simple raison*. Editions du Seuil/Laterza, 1996.（『信と知――たんなる理性の限界内における「宗教」の二源泉』湯浅博雄・大西雅一郎訳，未來社，2016 年）

Despland, Michael: *Kant on History and Religion*, Mcgill-University Press, 1973.

D'entrèves, Alexander Passerin: *Natural Law*, Hutchson House,1952.（『自然法』久保正幡訳，岩波書店，1952 年）

Delekat, Friedrich: *Immanuel Kant. Historisch-kritische Interpretation der Hauptschriften.* Quelle & Meyer, 1969.

Deligiorgi, Katerina: *Kant and the Culture of Enlightenment*. State University of New York Press, 2005.

Düsing, Klaus: Das Problem des Höchsten Gutes in Kants Praktischer Philosophie, in: *Kant-Studien* 62, Walter de Gruyter, 1971, S. 5–42.

―― *Die Teleologie in Kants Weltbegriff*, Kants-Studien Ergänzungshefte 96, Bouvier, 1986.

Dustdar, Farah: Kant und die politische Kultur der Berliner Aufklärung, in: *Kant und die Berliner Aufklärung: Akten des IX. Internationalen Kant-Kongresses.* Hrsg. von Volker Gerhardt, Rolf-Peter Horstmann und Ralph Schumacher. Walter de Gruyter, 2001, S. 156–165.

Erdmann, Benno: Die Entwicklungsperioden von Kants theoretischer Philosophie, in: *Reflexionen Kants zur kritischen Philosophie Bd. II. Reflexionen Kants zur Kritik der reinen Vernunft*, hrsg. von B. Erdmann, 1884. S. XII–LX.

Eterovic, Igor: Biological Roots of Kant's Concept of Culture, in: *Kant und Die Philosophie in Weltbürgerlicher Absicht. Akten des XI. Kant-Kongresses 2010,* Walter de Gruyter, 2013, pp. 389–402.

Formosa, Paul: From Discipline to Autonomy Kant's Theory of Moral Development, in: *Kant and Education – Interpretations and Commentary –*, Klas Roth and Chris.W. Surprenant（eds.), Routledge, 2012, pp. 163–176.

Goclenius, Rudolphus: *Lexicon. philosophicum quo tanquam clave philosophiae fores aperiuntur*（1613), Georg Olms, 1980.

Gonzalez, Ana M.: Kant's Contribution to social theory, in: *Kant-Studien,* Bd. 100, Walter de Gruyter, 2009, S. 77–105.

―― *Culture as Mediation, Kant on Nature, Culture, and Morality*. Geolg Olms, 2011.

Guyer, Paul: *Kant and the Experience of Freedom: Essays on Aesthetics and Ethics,* Cambridge University Press, 1993.

―― *Kant and the Claims of Taste*, Cambridge University Press, 1997.

Hamann, Johann Georg: *Briefwechsel, Band 5*, hrsg. von Walther Ziesemar und Arthur. Henkel, Insel-Verlag Frankfurt am Main, 1965.

Hegel, Georg Wilhelm Friedrich: *Wissenschaft der Logik,* Erster Teil, Die Objektive Logik, Erster Band, Die Lehre von Sein, in: *Georg Wilhelm Friedlich Hegel, Gesammelte Werke, Bd. 21.* Hrsg. von der Rheinisch-Westfälische Akademie der Wissenschaften, Hamburg, Meiner, 1985.

—— *Enzyklopädie der Philosophischen Wissenschaften im Grundrisse.* in: *Georg Wilhelm Friedlich Hegel, Gesammelte Werke, Bd. 19.* Hrsg. von der Rheinisch-Westfälische Alademie der Wissenschaften, Hamburg, Meiner, 1989.

Heimsöth, Heinz: *Transzendentale Dialektik. Ein Kommentar zu Kants Kritik der reinen Vernunft. teil. 2, Vierfache Vernunftautonomie; Natur und Freiheit: Intelligibler und empirischer Charakter,* Walter de Gruyter, 1967.

Heinz, Marion: Kants Kulturtheorie, in: *Philosophie nach Kant, Neue Wege zum Verständnis von Kants Transzendental- und Moralphilosophie.* Walter de Gruyter, 2014, S. 313–328.

Henke, Roland W.: Kants Konzept von moralischer Erziehung im Brennpunkt gegenwärtiger Diskussion, in: *Pädagogische Rundschau* 51. Jahrgang, Peter Lang GmbH, Europäischer Verlag der Wissenschaften, 1997, S. 17–30.

Hermann, Horst: Kant als Erzieher, in: *Kant und die Berliner Aufklärung: Akten des IX. Internationalen Kant-Kongresses.* Hrsg. von Volker Gerhardt, Rolf-Peter Horstmann und Ralph Schumacher. Walter de Gruyter, 2001, S. 39–46.

Hinske, Norbert: Kants Begriff der Antinomie und die Etappen seiner Ausarbeitung, in: *Kant-Studien 56*, Walter de Gruyter, 1965, S. 485–496.

—— *Kant als Herausforderung an die Gegenwart*, Karl Alber, 1980.（『現代に挑むカント』石川文康他訳，晃洋書房，1986 年）

Horstmann, Rolf-Peter: Why Must There Be a Transcendentale Deduction in *Kant's Critique of Judgement?, in: Kant's Transcendental Deduction. The Three 'Critiques' and the 'Opus postumum'*, Stanford University Press, 1989, pp. 157–176.

—— Die Idee der systematischen Einheit. Der Anhang zur transcendentalen Dialektik in Kants Kritik der reinen Vernunft, in: *Bausteine kritischer Philosophie*, Philo Verlagsgesellschaft, 1997, S. 109–130.

Höffe, Otfried: *Immanuel Kant*, C. H. Beck'sche Verlagsbuchhandlung, 1983.（『イマヌエル・カント』藪木栄夫訳，法政大学出版局，1991 年）

Kaulbach, Friedlich: Welchen Nutzen gibt Kant der Geschichtsphilosophie? in: *Kants-Studien 66*. Walter de Gruyter, 1975, S. 65–84.

Kemal, Salim: *Kant and Fine Art: An Essay on Kant and the Philosophy of Fine Art and Culture.* Clarendon Press. 1986.

Kersting, Wolfgang: *Wohlgeordenete Freiheit, Immanuel Kants Rechts- und Staatsphilosophie*, Mentis, 1984.（『自由の秩序』舟場保之・寺田俊郎監訳，ミネルヴァ書房，2013 年）

Klemme, Heiner: "Einleitung", in: *Kritik der Urteilskraft*. Meiner. 2001.

—— "Einleitung", in: *Über den Gemeinspruch, Zum ewigen Frieden. Philosophische Bibliothek Band 443*, Meiner, 1992.

Konkoly, Damian G. Historical Progress and Moral Psychology in Kant, in: *Kant und die Berliner Aufklärung: Akten des IX. Internationalen Kant-Kongresses.* Hrsg. von Volker Gerhardt, Rolf-Peter Horstmann und Ralph Schumacher. Walter de Gruyter, 2001, S. 19–27.

Krämling, Gerhard: *Die systembildende Rolle von Ästhetik und Kulturphilosophie bei Kant* (Reihe praktische Philosophie Bd. 23), Alber, 1985.

Kristjánsson, Kristjan: *Aristotle, Emotions, and Education*, Ashgate, 2007.

Kuehn, Manfred: *Kant: A Biography.* Cambridge University Press. 2001.（『カント伝』菅沢龍文・中澤武・山根雄一郎訳，春風社，2017年）

Lassman, Peter: Enlightenment, Cultural Crisis, and Politics: The Role of the Intellectuals from Kant to Habermas, in: *The European Legacy* vol. 5, Taylor & Francis, 2000, pp. 815–828.

Lehmann, Gerhard: Das philosophische Grundproblem in Kants Nachlaßwerk, in: *Beiträge zur Geschichte und Interpretation der Philosophie Kants*, Walter de Gruyter, 1969, S. 57–70.

Lloyed, Genevieve: *The Man of Reason: "male" and "female" in Western Philosophy*, University of Minnesota Press, 1981.

Louden, Robert: *Kant's Impure Ethics: From Rational Beings to Human Beings*. Oxford University Press, 2000.

Løvlie, Lars: Kant's Invitation to Educational Thinking, in: *Kant and Education – Interpretations and Commentary –*, Klas Roth and Chris. W. Surprenant (eds.), Routledge, 2012, pp. 163–176.

Makreer, Rudolf A.: Traditional Historicism, Contemporary Interpretations of Historicity, and the History of Philosophy, in: *New Literary History*, vol. 21, No. 4, The Johns Hopkins University Press, 1990, pp. 977–991.

Mark, Packer: The Highest Good in Kant's Psychology of Motivation, in: *Idealistic Studies* 13, Philosophy Documentation Center, 1983, pp. 110–119.

Maus, Ingeborg: *Zur Aufklärung der Demokratietheorie*, Suhrkamp, 1992.（『啓蒙の民主制理論――カントとのつながりで』浜田義文・牧野英二監訳，法政大学出版局，1999年）

Mendelssohn, Moses: Über die Frage: Was Heißt Aufklären? In: *Moses Mendelssohn, Gesammelte Schriften,* Bad Canstatt, Stuttgard, Bd. 6/1. 1981, S. 113–119.

Munzel, G. Felicitas: "Menschenfreundschaft: Friendship and Pedagogy in Kant, in: *Eighteenth-Century Studies*, vol. 32, No. 2, The Johns Hopkins University Press, 1998, pp. 247–259.

—— *Kant's Conception of Pedagogy. Toward Education for Freedom*, Northwestern University Press, 2012.

Merle, Jean-Christophe: Envy and Interpersonal Dependence in Kant's Conception of Economic Justice, in: *Kant und die Philosophie in Weltbürgerlicher Absicht, Akten des XI. Kant-Kongresses* 2010, Walter de Gruyter, 2013, S. 765–776.

Metzger, Wilhelm: *Gesellschaft, Recht und Staat in der Ethik des deutschen Idealismus*, Scientia Verlag, 1966.

Natorp, Paul: "Einleitung" in: *Kant's gesammelte Schriften, Band IX.* Königlich Preußischen Akademie der Wissenschaften, 1923.

Overhoff, Jürgen: Immanuel Kant, die philanthropische Pädagogik und die Erziehung zur religiösen Toleranz, in: *Immanuel Kant und die Berliner Aufklärung,* Reichert Verlag, 2000, S. 133–147.

Pateman, Carole: *The Sexual Contract*, Stanford University Press, 1988.

Pauen, Michael: Zur Rolle des Individuums in Kants Geschichtsphilosophie, in: *Kant und die Berliner Aufklärung: Akten des IX. Internationalen Kant-Kongresses.* Hrsg. von Volker Gerhardt, Rolf-Peter Horstmann und Ralph Schumacher. Walter de Gruyter, 2001, S. 35–43.

Paulsen, Friedlich: *Immanuel Kant sein Leben und seine Lehre*, Frommans Verlag, 1920.

Reardon, Bernard M. G. *Kant as Philosophical Theologian*, Barnes & Noble Books, 1988.

Reich, Klaus: Rousseau und Kant, in: *Klaus Reich. Gesammelte Schriften*. Meiner, 2001, S. 173–188.

Ritzel, Wolfgang: Wie ist Pädagogik als Wissenschaft möglich? In: *Kant und die Pädagogik: Pädagogik und Praktische Philosophie.* Königshausen & Neumann, 1985, S. 37–45.

Riedel, Manfred: Herrschaft und Gesellschaft. Zum Legitimationsproblem des Polischen in der Philosophie, in: *Materialien zu Kants Rechtsphilosophie*, Suhrkamp, 1976.（「支配と社会——哲学における政治の正当化問題に寄せて」佐々木毅訳，『伝統社会と近代国家』所収，岩波書店）

Rohlf, Michael: The Transition from Nature to Freedom in Kant's Third Critique, in: *Kant-Studien* 99, Walter de Gruyter, 2008, S. 339–360.

Ross, Willam David: *Kant's Ethical Theory*, Oxford University Press, 1954.

Sherman, Nancy: Reasons and Feelings in Kantian Morality, in: *Philosophy and Phenomenological Research*, vol. 55, No. 2. 1995, pp. 369–377.

Schiller, Friedlich: *Briefwechsel Schillers Briefe 1. 3. 1790 - 17. 5. 1794*. in: *Schillers'Werke, Bd. 26*. Hrsg. von Edith Nahler und Horst Nahler. Hermann Böhlaus Nachfolger, Weimar, 1992.

Schnädelbach, Herbert: Kultur und Kulturkritik, in: *Zur Rehabilitierung des animal rationale. Vorträge und Abhandlungen 2*, Suhrkamp, 1992, S. 158–184.

Schwartländer, Johannes: *Der Mensch ist Person. Kants Lehre von Menschen.* Kohlhammer, 1968.（『カントの人間論——人間は人格である』佐竹昭臣訳，成文堂，1986年）

Schweitzer, Albert: *Die Religionsphilosophie Kants: von der Kritik der reinen Vernunft bis zur Religion innerhalb der Grenzen der bloßen Vernunft,* Geolg Olms, 1974.（「カントの宗教哲学」『シュヴァイツァー著作集』第15巻，白水社，1963年）

—— Das Messaiannitäts- und Leidensgeheimnis. –Eine Skizze des Lebens Jesus. in: *Abendmahl im Zusammenhang mit dem Leben Jesu und der Geschichte des Urchristentums.* Heft 2. J. C. B. Mohr (Paul Siebeck), 1901.（「イエス小伝」『シュヴァイツァー著作集』第8巻，白水社，1957年）

Silber, John R.: The Ethical Significance of Kant's Religion, in *Immanel Kant, Religion Within the Limits of Reason Alone.* Haper & Row, 1960, pp. lxxix–cxxxvii.

—— The Importance of the Highest Good in Kant's Ethics, in: *Ethics 73*, The University of Chicago Press. 1963, pp. 179–197.

Spämann, Robert: Autonomie, Mündigkeit, Emanzipation zur Ideologisierung von Rechtsbegriff, in: Erziehungswissenschaft, Zwischen Herkunft und Zukunft der Gesellschaft, hrsg. von Siegfried Oppolzer, 1971, S. 317–324.

Surprenant, Chris W.: Kant's Contribution to moral education: the relevance of catechistics, in: *Journal of Moral Education.* Vol. 39, No. 2, Routledge, 2010.

Tonelli, Giorgio: Das Wiederaufleben der deutsch-aristotelischen Terminologie bei Kant während der Entstehung der "Kritik der reinen Vernunft", in: *Archiv für Begriffsgeschichte. Band 9*. Meiner, 1964, S. 233–242.

Troeltsch, Ernst: Das Historische in Kants Religionsphilosophie, in *Kant-Studien* 9, Walter de Gruyter, 1904, S. 21–154.

Verbeek, Peter-Paul: *Moralizing Technology: Understanding and Designing the Morality of Things,* The University of Chicago Press, 2011.（『技術の道徳化』鈴木俊洋訳，法政大学出版局，2015年）

Weisskopf, Traugott: *Immanuel Kant und die Pädagogik*, EVZ Verlag Abt, 1970.

Wilson, Holly L: *Kant's Pragmatic Anthropology, It's Origin, Meaning, and Critical Significance,* SUNY, 2006.

Wilson, Jeffrey: Teleology and Moral Action in Kant's Philosophy of Culture, in: *Recht und Frieden in der Philosophie Kants, Akten des X. Internationalen Kant-Kongresses*. Herausgegeben von Valerio Louden, Ricardo R. Terra und Guido A. de Almeida und Margrit Ruffing, Walter de Gruyter, 2008, S. 765–776.

Winkels, Theo: *Kant Forderung nach Konstitution einer Erziehungswissenschaft*, Profil, 1984.

Wolterstoff, Nicholas P.: Conundrums in Kant's Rational Religion, in: *Kant's Philosophy of Religion Reconsidered*, eds. Phillip J. Rossi and Michael Wreen, Indiana University

Press, 1991, pp. 40–53.
Willaschek, Marcus: *Praktische Vernunft, Handlungstheorie und Moralbegründung bei Kant*, J. B. Metzler, 1992.
Wood, Allen W.: *Kant's Moral Religion*, Cornell University Press, 1970.
—— Kant's Philosophy of History. in: *Toward Perpetual Peace and Other Writings on Politics, Peace, and History*. Yale University Press. 2006, pp. 243–262.
—— Rational Theology, Moral Faith, and Religion, in: *The Cambridge Companion to Kant*, Cambridge University Press, 1992, pp. 394–416.
—— Kant and the Problem of Human Nature, in: *Essays on Kant's Anthropology*. Cambridge University Press, 2003, pp. 38–59.
Wundt, Wilhelm: *Völkerpsychologie: eine Untersuchung der Entwicklungsgesetze von Sprache, Mythus und Sitte.* Bd. 10, *Alfred Kröner*, 1920.
Yovel, Yirmiahu: *Kant and the Philosophy of History*, Princeton University Press, 1980.
Zuckert, Rachel, "Kant's Hidden Antinomy of Practical Reason", URL: https://cpb-us-west-2-juc1ugur1qwqqqo4.stackpathdns.com/voices.uchicago.edu/dist/f/106/files/2013/02/zuckert-hidden-antinomy-of-practical-reason-2-13.doc

(2) 邦語文献

宇都宮芳明『カントの啓蒙精神』岩波書店，2006 年。

小倉志祥『カントの倫理思想』東京大学出版会，1972 年。

小野原雅夫「自由への教育――カント教育論のアポリア」『別冊情況』，2004 年，212〜222 頁。

――「規定的判断力の自由」『現代カント研究 11　判断力の問題圏』晃洋書房，2009 年，1〜20 頁。

隈元泰弘「カントの教育思想とその現代的意義――批判哲学における教育論の方法論的基礎付けとその再構築の試論」『梅花女子大学文学部紀要 33』梅花女子大学文学部，1999 年，1〜22 頁。

鈴木晶子『イマヌエル・カントの葬列』春秋社，2006 年。

高田純「カントの教育学講義――「自然素質の調和的発達」をめぐって」『文化と言語』第 67 号，札幌大学外国語学部，2007 年，181〜241 頁。

谷田信一「カントの教育学的考察――その背景・内容・意義」『社会哲学の領野』晃洋書房，1994 年，135〜164 頁。

寺田俊郎「カントの道徳教育論の現代的意義」『哲学科紀要』第 37 号，上智大学哲学会，2011 年，1〜36 頁。

浜田義文『カント倫理学の成立』勁草書房，1981 年。

浜野喬士『カント「判断力批判」研究』作品社，2014 年。

藤井基貴「一八世紀ドイツ教育思想におけるカント『教育学』の位置付け」『日本カン

ト研究七』理想社，2006 年，153〜168 頁。

保呂篤彦「根本悪の克服 —— 個人における，また人類における」『日本カント研究 9』理想社，2009 年，31〜32 頁。

牧野英二『遠近法主義の哲学』弘文堂，1996 年。

——『「持続可能性の哲学」への道』法政大学出版局，2013 年。

山口匡「カントにおける教育学の構想とその方法論的基礎——理論＝実践問題と《judiziös》な教育学」『教育哲学研究』第 71 号，教育哲学会，1995 年，73〜86 頁。

山名淳「カントの啓蒙意識に見る「導く」ことの問題——カントの「成人性（Mündigkeit）」をめぐって」『教育哲学研究』第 59 号，教育哲学会，1989 年，88〜101 頁。

人名索引

ア 行

アドルノ　Adorno, Theodor Wiesengrund 55
アリソン　Alison, Henry 22, 26, 36, 165, 169–70, 182
ヴァイスコップフ　Weisskopf, Traugott 76, 109
ヴィラシェック　Willaschek, Marcus 182–83
ウィルソン　Wilson, Holly L. 31–32, 37, 53, 62
ヴィンケルス　Winkels, Theo 76, 108–10
ウォルターストッフ　Wolterstoff, Nicholas P. 167–68, 182
ウッド　Wood, Allen 7, 16, 30, 36–37, 53, 62, 181
エテロヴィック　Eterovic, Igor 42–46, 62
エルトマン　Erdmann, Benno 22, 35
小倉志祥 179
小野原雅夫 109, 114–15
オバーホフ　Overhoff, Jürgen 76, 110

カ 行

ガイヤー　Guyer, Paul 8, 16, 25, 36
カウルバッハ　Kaulbach, Friedlich 30, 36
カッシーラー　Cassirer, Ernst 119, 147, 172–73, 177, 183–84
キャヴァラー　Cavallar, Georg 73, 109
キャスウェル　Caswell, Matthew 23, 35, 183
キューブリック　Kubrick, Stanley 1
クリスチャンセン　Kristjánsson, Kristjan 72, 108
クレムリング　Krämling, Gerhard 31, 37
クレンメ　Klemme, Heiner 7, 16, 146–47
ケアスティング　Kersting, Wolfgang 130–32, 148
ケマル　Kemal, Salim 37
コールバーグ　Kohlberg, Lawrence 72
ゴクレニウス　Goclenius, Rudolphus 5, 15
ゴンザレス　Gonzalez, Ana Marta 44–46, 62

サ 行

サープレナント　Surprenant, Chris. W. 73–74, 109
シェーマン　Sherman, Nancy 16
シュヴァルトレンダー　Schwartländer, Johannes 23, 35
シュヴァイツァー　Schweitzer, Albert 169–70, 183
シュネーデルバッハ　Schnädelbach, Herbert 9, 17, 31, 37
シラー　Schiller, Johann Christoph Freidrich von 182
シルバー　Silber, John R. 23, 35, 165–68, 178, 181–82
鈴木晶子 114
ズッカート　Zuckert, Rachel 10–11, 17

タ 行

デスプラント　Despland, Michael 182–83
デュージング　Düsing, Klaus 7, 16, 47, 62

デリカート　Delekat, Friedrich　113
寺田俊郎　113
トネリ　Tonelli, Giorgio　34
トレルチ　Troeltsch, Ernst　164–65, 181

ナ 行

ナトルプ　Natorp, Paul　76, 109

ハ 行

ハーマン　Hamann, Johann Georg　96, 98–101, 114, 149
バーンスタイン　Bernstein, Richard J. 114, 182
ハイムゼート　Heimsoeth, Heinz　22, 35
ハインツ　Heinz, Marion　43–44, 46, 62
バセドウ　Basedow, Johann Bernhard　75
浜野喬士　36
バルト　Barth, Karl　165, 181–82
バルトゥシャット　Bartuschat, Wolfgang 25, 36
ピアジェ　Piaget, Jean　72
ヒンスケ　Hinske, Norbert　20–21, 34, 135–37, 149
フェリペ四世　Phillip Ⅳ　137
藤井基貴　110
ブラント　Brandt, Reinhard　26, 36, 146–48
フリードリヒ二世　Friedrich II（der Große）　99, 114
ヘーゲル　Hegel, Georg Wilhelm Friedrich 16, 22, 34
ベック　Beck, Lewis White　15, 22–26, 28, 35
ヘッフェ　Höffe, Otfried　170–71, 178, 183
ヘルマン　Hermann, Horst　32, 37, 72, 108
ヘンケ　Henke, Roland W.　76, 110–11
ベンナー　Benner, Dietrich　72, 108
ボハティック　Bohatec, Josef　180–81
ボヤノウスキー　Bojanowski, Jochen　22, 35
ホルクハイマー　Horkheimer, Max　55
ホルストマン　Horstmann, Rolf-Peter 22, 26, 35–37
ボルノウ　Bollnow, Otto F.　108, 111
保呂篤彦　111

マ 行

マーク　Mark, Packer　170, 183
マウス　Maus, Ingeborg　131–32, 146–48, 150
牧野英二　61, 63, 113, 150
マックリール　Makreer, Rudolf A.　26, 36
ムンツェル　Munzel, G. Felicitas　76, 109–10
メンデルスゾーン　Mendelssohn, Moses 49, 62, 119

ラ 行

ライヒ　Reich, Klaus　42, 62
リーデル　Riedel, Manfred　130–31, 148
リッツェル　Ritzel, Wolfgang　76, 109
ルーデン　Louden, Robert　8–9, 16–17, 31, 33, 37
ルヴリエ　Løvlie, Lars　72–73, 109
ルソー　Rousseau, Jean-Jacques　42, 72, 75–76, 108
レーマン　Lehmann, Gerhard　17, 41, 61, 63
ロルフ　Rohlf, Michael　8, 16

事項索引

ア 行

カ 行

サ 行

タ　行

ナ　行

◉著 者

大森 一三（おおもり・いちぞう）

1982 年生まれ。法政大学兼任講師，中央大学政策文化総合研究所客員研究員，博士（哲学）。主要業績として，『新・カント読本』（共著，法政大学出版局，2017 年），「カント「教育論」における「道徳化」の意味とその射程――「理性の開化」と「世界市民的教育」の関係」（論文，『教育哲学研究』第 107 号，教育哲学会）など。

文化の進歩と道徳性
カント哲学の「隠されたアンチノミー」

2019 年 2 月 10 日　初版第 1 刷発行

著　者　大森一三

発行所　一般財団法人 法政大学出版局

〒102-0071 東京都千代田区富士見 2-17-1
電話 03 (5214) 5540　振替 00160-6-95814
組版：HUP　印刷：日経印刷　製本：積信堂
装幀：落合元世

ISBN978-4-588-15099-9

シェリング読本
西川富雄 監修　高山守・長島隆・藤田正勝・松山壽一 編 ……………3000円

ヘーゲル読本
加藤尚武 編 ……………………………………………………………………3300円

続・ヘーゲル読本
加藤尚武・座小田豊 編訳 ……………………………………………………2800円

デカルト読本
湯川佳一郎・小林道夫 編 ……………………………………………………3300円

ヒューム読本
中才敏郎 編 ……………………………………………………………………3300円

カント読本
浜田義文 編 ……………………………………………………………………3300円

ベルクソン読本
久米博・中田光雄・安孫子信 編 ……………………………………………3300円

ウィトゲンシュタイン読本
飯田隆 編 ………………………………………………………………………3300円

ハイデガー読本
秋富克哉・安部浩・古荘真敬・森一郎 編 ……………………………3400円

続・ハイデガー読本
秋富克哉・安部浩・古荘真敬・森一郎 編 ……………………………3300円

サルトル読本
澤田直 編 ………………………………………………………………………3600円

リクール読本
鹿島徹・越門勝彦・川口茂雄 編 ……………………………………………3400円

＊

表示価格は税別です